세상에 대하여 우리가 더 잘 알아야 할 교양 ⑪

지은이 | 옮긴이 소개

지은이 **케이 스티어만**(Kaye Stearman)

케이 스티어만은 무기거래 반대 단체인 CAAT(Campaign Against Arms Trade)의 언론담당자로 활동하며 무기 생산국의 무장 해제를 위해 노력하는 동시에 어린이와 청소년을 위한 책을 다수 저술했습니다. 저서로는 《노숙자》《안락사》《군사 개입》 등이 있습니다.

옮긴이 **김혜영**

서울대 인류학과를 졸업하고, 서울대 국제대학원에서 석사학위를 취득하였습니다. 현재 국제교류 관련 기관에 종사하고, 번역 에이전시 엔터스코리아에서 출판기획 및 전문번역가로도 활동중입니다. 주요 역서로는 《버락 오바마의 꿈과 희망》《어느 언론인의 고백》 등이 있습니다.

감수자 **박미숙**(한국형사정책연구원 선임연구위원)

경희대학교 법과대학을 졸업하고, 동대학원에서 박사학위를 취득하였습니다. 인권교육활동을 통하여 법집행기관의 인권의식을 향상시키는 데 기여하고 있으며, 국가인권위원회 자유권전문위원회 위원으로 활동중입니다. 《국제인권기준과 현행 형사절차》를 비롯하여 사법제도 관련 책을 다수 저술했습니다.

세상에 대하여 우리가 더 잘 알아야 할 교양

케이 스티어만 글 | 김혜영 옮김 | 박미숙(한국형사정책연구원) 감수

11

사형제도
과연 필요한가?

내인생의책

차례

감수자의 글 - 6

들어가며: 계속되는 사형제도 논쟁 - 8

1. 사형제도란 무엇일까요? - 13

2. 사형제도는 과연 정당화될 수 있을까요? - 27

3. 사형 - 최후의 심판 - 41

4. 사형제도가 '인간적'일 수 있을까요? - 57

5. 누구는 살고 누구는 죽는다 - 71

6. 사형제도는 사회를 더 안전하게 만들까요? - 83

7. 사형제도와 사회 - 95

연표 - 111

용어설명 - 115

더 알아보기 - 118

찾아보기 - 123

※ **굵은 글씨**로 표시된 단어는 115쪽 용어설명에서 찾아보세요.

| 감수자의 글 |

　몇 해 전, 8세 여아를 잔혹하게 성폭행한 아동 성범죄의 범인 조두순이 만취상태였다는 이유로 심신미약 판정을 받고 12년 형을 선고받은 일이 있었습니다. 평생을 불구로 살아야 하는 피해자의 상황과 범인이 저지른 죄에 비해 가벼운 형량을 받은 소식을 듣고 화가 난 사람들은 법원과 정부에 사형집행을 촉구하며 서명운동을 벌였습니다. 이런 참혹한 사건이 벌어지면 사형제도 찬성 여론이 높아집니다.
　한편, 최근 신문에서 사형제도 폐지 운동을 거세게 불러일으킬 만한 기사를 읽었습니다. 미국에서 1989년에 살인강도 혐의로 처형된 카를로스 데루나라는 사람이 23년만에 무죄로 밝혀졌다는 기사였습니다. 콜롬비아대학 로스쿨의 제임스 리브먼 교수팀이 8년간 추적한 끝에 당시 경찰의 수사가 엉성했고, 검찰의 기소와 피고 측의 변론이 부실했음을 밝혀냈다고 합니다. 그러나 이미 사형당한 사람은 다시 살아 돌아오지 못합니다. 무고한 사람이 처형당할 가능성이 있다는 것은 사형제도를 둘러싼 오래된 쟁점 가운데 하나입니다.
　이처럼 논란이 많은 사형제도는 인류의 오랜 역사와 함께해 왔습니다. 기원전 18세기 바빌로니아의 함무라비 법전에 최초로 기록된 사형제도는 오늘날까지 많은 국가에서 법정 최고형으로 채택되고 있습니다.
　현재 우리나라는 형법 제41조에서 사형을 법정 최고형으로 인정하고 있습니다. 그러나 지난 15년간 한 번도 사형집행이 이루어지진 않았습니다. 이 때문에 끔찍한 살인 사건이 일어날 때마다 사형집행을 촉구하는 목소리가 높아지지요. 물론 사형제도를 반대하는 사람들도 많습니다. 그 근거로 이들은 주로 헌법 제10조를 인용하고 있어요.

헌법 제10조에는 모든 국민이 인간으로서의 존엄과 가치를 가지며 행복을 추구할 권리를 가진다고 되어 있습니다. 또한, 국가는 개인의 기본적 인권을 보장해야지, 침해해서는 안 된다고 되어 있습니다. 그러나 법률이 헌법에 부합하는지 심판하는 헌법재판소에서는 사형제도가 헌법에 위배되지 않는다는 합헌 결정을 내렸지요.

사형제도가 존재해도, 또 폐지된다고 해도 사형제도를 찬성하는 입장과 반대하는 입장은 언제나 첨예하게 대립할 것입니다. 사형제도 찬성과 반대의 논거들 모두 일리가 있으니까요. 그렇다면 이 사형제도를 둘러싼 논쟁을 어떻게 살펴봐야 할까요?

우리에겐 어떤 현상을 바라볼 때 균형적인 시각이 필요합니다. 사형제도에 대한 시각도 마찬가지입니다. 이 책은 사형제도를 찬성하는 입장과 반대하는 입장을 최대한 객관적인 시각으로 다루고 있습니다. 생생한 사례와 찬반 논거들은 여러분들이 사형제도를 이해하는 데 큰 도움이 될 것입니다. 이 책을 읽는 여러분들은 자신의 생각과 사형제도에 대한 찬반 의견 모두를 꼼꼼히 비교해보기 바랍니다. 마지막 책장을 덮는 순간 자신만의 생각이 정립될 것입니다.

한국형사정책연구원
박미숙 선임연구위원

들어가며: 계속되는 사형제도 논쟁

우리나라는 현재 사실상 사형제 폐지국입니다. '사실상 사형제 폐지국'이란 최근 10년간 사형이 집행되지 않은 국가를 말하지요. 우리나라는 1997년 이후 15년간 사형이 집행되지 않았습니다. 사형제도 폐지에 대한 논의가 계속되고 있는 가운데 우리나라에는 현재 약 60명의 사형수가 수감 중입니다. 다른 나라에서도 사형제도 존폐논쟁은 계속되고 있습니다. 다음은 미국에서 일어난 래리 브라이트 사건입니다. 이를 읽고 사형제도를 둘러싼 이슈를 알아봅시다.

래리 브라이트 사건

래리 브라이트는 연쇄살인범입니다. 래리는 2003년 7월부터 2004년 10월까지 15개월간 8명의 여성을 살해하고, 시체를 불에 태워 버렸습니다. 경찰은 피해자가 모두 흑인 여성인데다, 마약복용자와 성매매 여성이었기 때문에 처음에는 이 사건에 별다른 신경을 쓰지 않았지요. 그러나 지역 주민들의 거센 항의로 경찰은 재수사에 착수했고, 추적 끝에 래리를 체포하여 살인죄로 **기소**했습니다.

2005년 공판이 시작되자, 검찰은 래리에게 사형을 **구형**했습니다. 일리노이 주는 2000년부터 사형집행을 중단했지만, 법률상으로 사형제도를 유지하고 있습니다. 래리는 자신의 죄를 자백하고 유죄를 인정하려 했지만, 검찰은 이를 막으려 했습니다. 미국에는 피의자가 유죄를 인정하면 형량을 낮출 수 있는 유죄협상제도가 있습니다. 검찰은 이 제도 때문에 래리에게 사형선고가 내려지지 않을까 봐 래리가 유죄를 인정하는 것을 막으려 했던 것이죠. 그러나 래리가 막상 유죄를 인정하지 않으면 사법제도상 **배심제**를 거쳐 사실인정 절차를 밟아야 합니다. 재판이 길어지면 그 과정을 지켜보는 피해자 유족들이 힘들어질 것이 분명했지요.

2006년 5월 법정과 피해자 유족들은 래리가 유죄를 인정하면 사형을 선고하지 않기로 합의했습니다. 대신 보안이 가장 삼엄한 감옥에서 **가석방**과 **항소**권 없이 **종신형**을 살게 하기로 했습니다. 물론 피해자 유족들 모두가 이 합의안에 동의하지는 않았지요.

브렌다 어빙이라는 피해자에겐 2명의 딸이 있었습니다. 그중 한 명인 신시아는 이 합의사항에 찬성했습니다. "어찌 됐든 일단 감옥에 가면 아무 짓도 못하겠죠. 죽을 때까지 감옥에 있어야 하니까요." 브렌다 어빙의 또 다른 딸 티라혼다는 래리 브라이트가 사형되기를 바랐습니다. "우리는 엄마를 다시 볼 수 없는데, 그 사람 가족들은 그렇지 않잖아요. 그 사람이 다른 사람들을 죽인 것처럼, 그 사람도 죽어야 해요. 우리 엄마나 다른 피해자들은 죽느냐 사느냐 선택할 수도 없었는데, 래리는 왜 그런 선택을 할 수 있나요?"

피해자 린다 닐의 가족도 의견이 갈렸습니다. 린다의 아버지는 "어느 누구도 죽는 걸 보고 싶지 않아요. 설령 가해자라 해도 마찬가지예요. 그 살인범이 다시는 이 길거리에 나타나지만 않으면 돼요."라고 말했습니다. 린다의 오빠 케빈은 래리가 사람들에게 어떤 고통을 주었는지 모르고 있다며, 겨우 20초 정도 미안하다고 말한 걸로는 성에 차지 않는다고 분통을 터뜨렸습니다.

제임스 셰디드 판사는 종신형을 선고하기 전, 래리에게 "당신은 피해자의 생명을 하찮게 여겼지만 피해자의 가족들은 당신의 생명을 존중하고 배려하며 자비를 베풀었다."고 말했습니다.

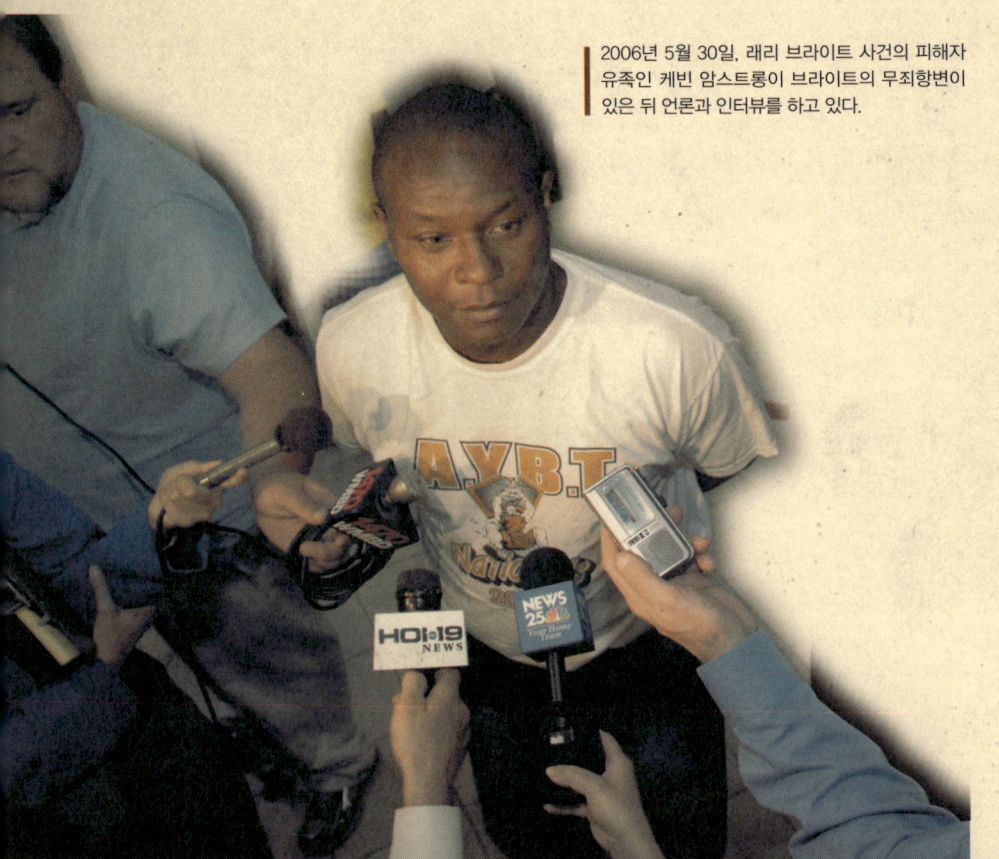

2006년 5월 30일, 래리 브라이트 사건의 피해자 유족인 케빈 암스트롱이 브라이트의 무죄항변이 있은 뒤 언론과 인터뷰를 하고 있다.

알아두기

2005년, 전 세계적으로 사형의 중단을 요구하는 유엔 결의안에 81개국이 지지를 표했다.

찬성 VS 반대

죄를 지은 사람만 벌하자는 것이지, 그 사람이 속한 인종이나 이익집단을 벌하자는 것이 아니다. 죄는 개인적인 것이다. 우리가 생각해야 하는 문제는 '사형을 당할 사람이 정말로 사형을 받을 만한가?' 뿐이다.

—에르네스트 반 덴 하그 포드햄대학교 법학교수

사형은 본질적으로 임의적인 형벌이다. 같은 죄를 저질러도 누구는 사형을 당하고 누구는 종신형을 받을 수 있다. 사형에 대한 객관적인 판단 기준이 없기 때문에 인종, 성별, 소수 민족 집단에 따라 사형이 차별적으로 집행될 수 있다.

—제시 잭슨 종교 지도자 겸 정치인

사형제도란 무엇일까요?

CHAPTER 1

사형(Death Penalty)이란 어떤 사람이 잘못을 저질렀을 때 그 사람의 생명을 앗아가는 형벌을 말합니다. 영어권에서는 사형제도를 법적인 용어로 '캐피탈 퍼니시먼트(Capital Punishment)'라고 합니다. 캐피탈(capital)이라는 단어는 머리를 뜻하는 라틴어 케이퍼트(caput)에서 유래한 말입니다.

사형(Death Penalty)이란 어떤 사람이 잘못을 저질렀을 때 그 사람의 생명을 앗아가는 형벌을 말합니다. 영어권에서는 사형제도를 법적인 용어로 '캐피탈 퍼니시먼트(Capital Punishment)'라고 합니다. 캐피탈(capital)이라는 단어는 머리를 뜻하는 라틴어 케이퍼트(caput)에서 유래한 말입니다. 사람은 머리를 잃으면 목숨도 잃게 되니까 머리를 처벌한다는 말의 상징적 의미를 알 수 있겠지요?

사형은 통치기관이 국민에게 행할 수 있는 가장 극단적인 형벌입니다. 사형제도는 전 세계 여러 나라에서 오랫동안 시행됐지만, 몇몇 범죄를 벌하기 위한 최후의 수단으로만 이용되었습니다. 20세기 초까지 거의 모든 나라가 사형을 집행해왔지만, 오늘날에는 사형제도를 폐지한 나라들이 많습니다.

하지만 여전히 사형제도에 대해서는 찬반 논란이 뜨겁습니다. 과연 이 제도는 정당화될 수 있을까요? 정당화될 수 있다면, 어떤 경우에 적용되어야 할까요? 사형제도가 범죄를 예방하는 데 도움이 될까요? 사형제도를 폐지한다면 그 대안은 무엇일까요? 사형제도를 유지하는 것이 안전한 사회를 만드는 데 도움이 될까요?

사형제도를 찬성하는 사람들은 사형제도가 특정 범죄에 대해서는 가장 적절하고 효율적인 처벌이기 때문에 사형제도를 유지해야 한다고 말합니다. 이들은 흉악범을 사형에 처하면 앞으로 일어날 범죄를 예방할 수 있다고 생각합니다. 또한, 사형제도가 범죄 피해자들에게 위안을 줄 수 있고, 결국 모두에게 더 안전한 사회를 만들어 준다고도 주장하지요.

반면에 사형제도를 반대하는 사람들은 사형제도를 이렇게 표현합니다. 사형제도는 국가가 합법적 살인을 저지르는 것과 다를 바 없다고 말이지요. 게다가, 잔인하고 고통스러운 형벌인 사형이 불공정하고 차별적으로 집행되고 있다고 주장합니다. 사형을 선고하는 데에는 오심이 있을 수 있고, 한 번 집행된 뒤에는 되돌릴 수 없습니다. 죽은 사람을 되살릴 수는 없기 때문이지요. 사형제도를 반대하는 사람들은 사형이 범죄 예방에 전혀 효과가 없으며, 피해자 가족에게 도움이 되기는커녕, 오히려 사회를 더 폭력적이고 비인도적으로 만든다고 생각합니다.

알아 두기

UN에 따르면, 인구 1인당 사형집행 비율이 가장 높은 국가는 싱가포르로, 1994년부터 1999년까지 인구 100만 명당 13.57건의 사형이 집행되었다.

오늘날의 사형제도

전 세계 3분의 2 이상의 국가가 법적으로 사형 폐지국이거나 사실상 사형 폐지국입니다. 2011년까지 96개 국가에서 모든 범죄에 대해 사형제도를 폐지했고, 9개 국가에서는 반역 같은 특수한 경우를 제외하고 일반적인 범죄에 대해 사형제도를 폐지하였습니다. 또한 35개의 국가는 10년 이상 사형을 집행하지 않아 사실상의 사형 폐지국에 해당하지요. 하지만 58개의 국가에서는 여전히 사형을 집행하고 있습니다.

유럽, 라틴아메리카, 남부아프리카, 남태평양 국가들은 사형제도를 더는 시행하지 않습니다. 캐나다도 마찬가지입니다. 반면 아시아와 아프리카, 카리브 해에 있는 대부분의 국가와 미국에는 사형제도가 여전히 남아 있습니다. 사형제도를 유지하는 국가는 대개 빈곤하고 민주화되지 않은 국가입니다. 단, 부유하면서 민주 국가라고 할 수 있는 미국과 일본은 예외적으로 사형제도를 시행하고 있습니다.

2010년 집행된 사형 건수

국가	사형 건수
중국	4,000+
이란	252+
북한	60+
예멘	53+
미국	46
사우디아라비아	27+

중국에서 사형이 집행된 건수는 다른 나라에서 집행된 사형 건수를 전부 합친 것보다 많다. 중국은 공식적인 집행 건수를 공개하지 않고 있으나 전문가들과 국제 인권 단체는 중국의 사형집행 건수가 연간 4,000건 이상이라고 추정한다. +표시는 추정치로 실제 건수는 훨씬 더 많을 것이다.

자료: 2010년 국제앰네스티 보고서

사형은 보통 비밀리에 집행되므로 정부에 보고되거나 언론에 보도되지 않습니다. 그러므로 사형집행 건수에 대한 공신력 있는 자료도 없지요. 인권운동단체인 국제앰네스티(Amnesty International, AI)에 따르면, 중국을 제외하고 전 세계적으로 2010년에는 최소 527건, 2011년에는 최소 676건의 사형이 집행되었어요. 현재도 전 세계에는 약 2만 명의 사형수가 사형집행을 기다리고 있습니다. 앞의 표를 보면 중국을 제외하더라도 이란, 예멘, 미국 등 단 5개 국가에서 사형이 집행된 횟수가 전체 사형집행 건수의 약 70퍼센트를 차지하고 있습니다.

> **알아 두기**
> 전 세계적으로 수감되어 있는 사형수의 숫자는 19,500명에서 24,500명 사이인 것으로 추산된다.

2004년, 중국 원저우 시에서 형을 선고받기를 기다리는 수감자들이 경찰들 앞에 서 있다. 중국은 매년 수많은 사람을 사형시키고 있다.

텍사스의 한 감옥에서 수감자와 함께 있는 간수. 대부분의 민주주의 국가에서는 사형제도를 폐지하고 있지만 미국, 특히 남부에 위치한 주에서는 여전히 사형을 집행하고 있다.

미국의 상황

미국은 주마다 사정이 조금씩 다르기는 하지만, 계속해서 사형제도를 유지하고 있습니다. 1972년부터 1976년까지의 짧은 기간을 제외하고 말이지요. 1972년 미국 연방 대법원은 사형제도가 '잔혹하고 비정상적인 형벌'을 금지하는 미국 수정헌법 제8조에 위배되어 위헌이라고 판결한 바 있습니다. 그러나 1976년에 배심 안내 등 절차적 규정이 보완

1. 사형제도란 무엇일까요? | 19

된다면 사형제도는 합헌이라고 판결된 뒤 사형이 1,000건 이상 집행되었습니다. 미국에서의 사형 선고 및 집행 건수는 1990년대 절정에 이르렀다가 계속 감소하여 현재는 51개 주 중 34개 주와 미국 연방 정부가 사형제도를 유지하고 있습니다. 미국은 전체 사형집행 건수의 70퍼센트 이상이 남부 지역에서 집행되고 있는데, 특히 텍사스의 집행 건수는 전체 집행 건수의 3분의 1을 차지할 정도로 많습니다. 현재도 3,200명 이상의 사형수가 사형집행을 기다리고 있습니다.

역사 속 사형제도

사형은 인류 역사상 가장 오래된 형벌로 **태형**, 추방, 형벌노예, 혹은 피해자보상금 지급 등 다른 형벌과 함께 사용되어 왔습니다. 보통 살

역사적으로 사형제도는 널리 이용되었다. 13세기에 그려진 이 그림은 참수형을 지켜보는 카슈미르 왕을 그린 것이다.

찬성 VS 반대

드라코에게 어찌하여 거의 모든 범죄를 사형으로 벌하느냐고 물었다. 그러자 그는 자신이 생각하기에 가벼운 범죄라도 사형을 당할 만한 범죄이고, 더 잔혹한 범죄는 마땅한 형벌을 찾을 수 없으니 사형을 내릴 수밖에 없다고 대답했다.

— 플루타르크 그리스의 역사학자, 《솔론의 생애》 (기원전 1세기)

법은 사람을 죽이는 것을 방지하는 데 존재 가치가 있어야 하는데, 오히려 법이 사람을 죽이는 것을 허락하고 있다…… 사형은 국민에 대한 국가의 전쟁이요, 법을 빙자한 살인이다.

—체사레 베카리아 이탈리아의 형법학자, 《범죄와 형벌》 (1764년)

인, 강간, 납치 등의 흉악한 범죄를 저지른 사람들을 사형시켰습니다. 그러나 절도 같은 비교적 가벼운 죄를 범한 사람도 사형을 당하기는 했지요.

이집트, 아시리아, 바빌로니아, 그리스, 로마 문명 등의 고대 문명은 사형을 가장 무서운 형벌, 즉 극형으로 두면서 형법을 발전시켰습니다. 기원전 621년경 그리스 철학자 드라코(Draco)는 새로운 형법전을 집필했는데, 이 형법은 거의 모든 죄에 사형을 구형하도록 되어 있어 가혹하기로 악명이 높았습니다. 결국 이 철학자의 이름을 따서 '가혹한'이라는 뜻을 가진 영단어 '드라코니언(draconian)'이 생겼지요.

나중에 기독교와 이슬람교 교리에서도 형벌 규정에 사형을 포함시켰지만 사형집행의 예외적인 경우와 사형을 대체할 수 있는 형벌 규정도 함께 두었답니다. 이처럼 사형제도는 역사적으로 줄곧 이용되어 왔습니다.

우리나라 역시 마찬가지입니다. 우리나라에서는 고조선 8조법에 살인자는 사형에 처한다고 명시되었습니다. 현재는 형법 41조에서 법정 최고형으로 사형을 인정하고 있지요.

사형제도 폐지 운동의 시작

사형제도 폐지 운동은 최근에 생겨났습니다. 18세기 유럽 **계몽주의** 사상에서 영향을 받아 **인권** 개념이 생겨나면서 사형제도 폐지 운동도 서서히 발전해 갔습니다. 이탈리아의 형법학자인 체사레 베카리아는

사형제도를 유지하고 있는 국가

가이아나, 과테말라, 기니, 나이지리아, 남수단, 대만, 도미니카, 레바논, 레소토, 리비아, 말레이시아, 몽골, 미국, 바레인, 바베이도스, 바하마, 방글라데시, 베트남, 벨라루스, 벨리즈, 보츠와나, 북한, 사우디아라비아, 세인트루시아, 세인트빈센트그레나딘, 세인트키츠네비스, 소말리아, 수단, 시리아, 싱가포르, 아랍에미리트연합, 아프가니스탄, 앤티카 바부다, 에티오피아, 예멘, 오만, 요르단, 우간다, 이라크, 이란, 이집트, 인도, 인도네시아, 일본, 자메이카, 적도기니, 중국, 짐바브웨, 차드, 카타르, 코모로, 콩고민주공화국, 쿠바, 쿠웨이트, 태국, 트리니다드토바고, 파키스탄, 팔레스타인 자치정부

1764년에 저술한《범죄와 형벌》에서 국가가 행하는 고문과 사형은 부당하며 사회에 이득이 되지 못한다고 주장했습니다. 토스카나 대공 레오폴드는 이 주장에 영향을 받아 1786년에 사형제도를 폐지했지요.

다른 국가들도 느리지만 사형제도 폐지에 동참하기 시작했습니다. 사형에 처할 수 있는 범죄를 제한하고, 공개처형을 중단하고, 조금 더 인간적인 사형집행 방법을 고심하기 시작한 것이죠. 각 국가에서는 여

20세기에 들어서면서 사형제도를 반대하는 시위가 증가했다. 아래 사진은 1935년 런던에서 경찰이 사형제도 폐지를 촉구하는 시위대가 탑승한 밴을 검문하는 모습이다. 시위대는 사형이 집행될 원즈워스 감옥 밖에서 열리는 집회에 참가하러 가는 길이었다.

1. 사형제도란 무엇일까요? | 23

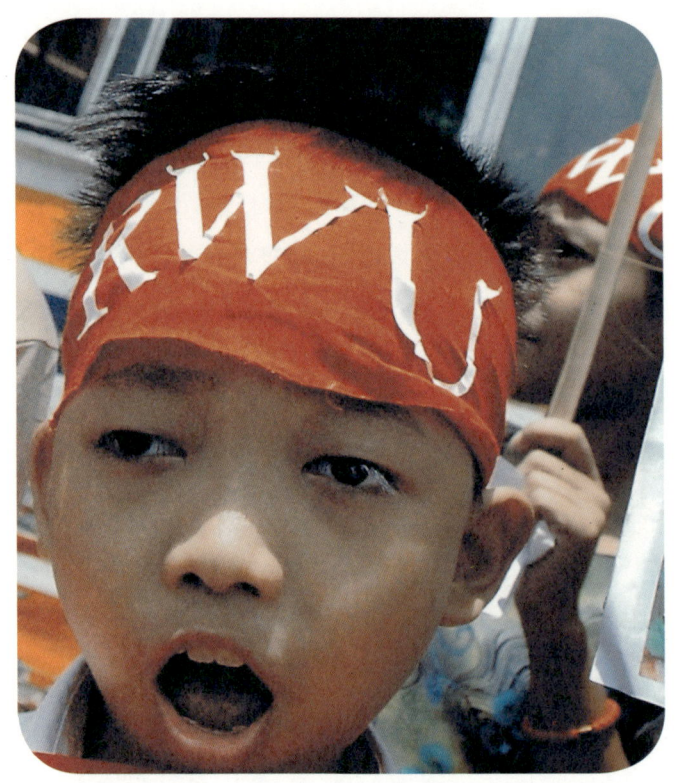

2006년, 방글라데시 다카에서 라카인여성연맹의 어린 회원이 사형제도를 포함한 미얀마의 인권학대에 반대하는 시위를 하고 있다.

러 등급의 형벌 규정을 두어 가장 극악무도한 범죄에만 사형을 적용하거나 아예 사형제도를 폐지했습니다. 그 대신 범죄자들을 장기간 감옥에 가두었고 정신적 문제가 있을 때에는 보호시설에 감금했습니다. 무기징역형은 범죄자를 처벌하면서 사회와 격리시켜 다른 범죄가 일어나는 것을 억제하며, **갱생**의 기회를 줄 수 있다는 이유로 사형제도의 대안으로 자리 잡았습니다.

사형제도 폐지의 가속화

20세기 후반, 사형제도를 완전히 폐지하려는 움직임이 활발해졌습니다. 세계 곳곳에서는 사형제도를 반대하는 운동가들이 입법 과정에 반영될 수 있도록 정치인들에게 적극 건의를 했고 사형이 집행되는 감옥 밖에서 시위를 벌이기도 했습니다. 이러한 사형제도 폐지운동은 국제법률가위원회(International Commission of Jurists)와 국제앰네스티 같은 국제인권기구의 지지를 얻었습니다. UN과 유럽평의회(Council of Europe) 같은 국제기구는 사형제도를 제한하거나 폐지하는 인권표준을 제정했습니다. 그 결과, 더 많은 국가들이 모든 범죄에 대해서 사형제도를 폐지하기 시작했습니다.

모든 범죄에 대해 사형제도를 폐지한 국가 수

이 표는 1900년 이래로 모든 범죄에 대해 사형제도를 완전히 폐지한 국가의 수를 나타낸 것이다.

연도	국가 수
1900	3
1948	8
1978	19
1998	62
2005	86
2011	96

자료: 국제앰네스티

간추려 보기

- 사형은 국가가 국민에게 가할 수 있는 형벌 중 가장 극단적인 형태다.
- 사실상 사형폐지국 35개를 포함한 140개 국가에서는 더는 사형을 집행하고 있지 않다.
- 58개 국가는 사형제도를 유지한 채 사형을 집행하고 있다.

2
CHAPTER

사형제도는 과연 정당화될 수 있을까요?

사형제도는 삶과 죽음, 선과 악, 개인의 선택과 공익에 관련된 문제이기에, 윤리적·종교적으로도 중요한 쟁점입니다. 사형제도에 대한 논쟁은 몇백 년 동안 계속되고 있습니다.

사형제도는 삶과 죽음, 선과 악, 개인의 선택과 공익에 관련된 문제이기에, 윤리적·종교적으로도 중요한 쟁점입니다. 사형제도에 대한 논쟁은 몇백 년 동안 계속되고 있습니다.

퀘이커교나 **자이나교**에서는 모든 생명이 신성하며 어느 누구도 생명을 빼앗을 권리는 없다고 주장합니다. 생명은 신이 주신 것이므로 신만이 생명을 다시 가져갈 수 있다고 믿는 것이죠. 또 어떤 종교에서는 사형제도를 특정 상황에서만 제한적으로 적용해야 한다고 주장합니다. 한편 사형제도가 윤리·종교 체제에서 반드시 필요한 것이라고 보는 사람도 있습니다.

어떤 이들은 기독교 성경이나 이슬람교의 코란에서 사형제도 찬반의 논거를 찾습니다. 하지만 이들은 아주 일부 문구만을 발췌해 자의적으로 인용하는 경우가 많습니다. 재미있는 건 사형제도를 지지하거나 반대하는 사람들 모두 자신의 주장을 뒷받침하기 위해 기독교 성경을 인용하고 있다는 점입니다. 사형제도를 찬성하는 입장에서는 처벌과 응징을 주장하기 위해 구약성서의 '눈에는 눈, 이에는 이' 구절을 인용하고,

반대하는 입장에서는 사랑과 용서를 주장하기 위해 신약성서의 '오른쪽 뺨을 때리면 왼쪽 뺨을 내주기' 구절을 인용하고 있습니다.

이슬람법인 샤리아는 사형같이 무거운 형벌을 정당화하기 위해 코란을 인용하고 있습니다. 그러나 이슬람교도 중에는 이러한 가혹한 형벌이 옳지 않다고 생각하거나, 가혹한 법제도 아래서는 살고 싶지 않다고 말하는 사람들이 많습니다.

자이나교 신자들이 경배하고 있다. 자이나 교도들은 모든 생명은 신성하고 모든 영혼은 평등하다고 믿는다. 누가 어떤 범죄를 저지르든지, 그 사람을 사형시키는 것은 자이나교의 신념에 반하는 일이 된다.

> **알아두기**
> 2005년 3월 1일, 미국 대법원은 18세 미만인 범죄자들에게 사형선고를 내리는 것은 '잔혹하고 비정상적인 형벌'을 금지하는 미국 헌법에 위배된다고 판결했다.

1900년 무렵, 유죄를 선고받은 죄수들이 바지선에 탑승하고 있다. 이들은 알제리에서 프랑스령 기아나로 이송되는 중이다.

인권

다원화된 사회에서 사람들은 가족, 친구, 선생님 그리고 정치, 법과 대중매체 등을 통해 윤리관을 확립하게 됩니다. 사형제도 찬반론에 대해서는 종교 지도자들이 주요한 역할을 하고는 있지만, 사형제도는 주로 인권 문제와 국가와 국민간의 상호 책임성 등과 관련하여 논의되고 있습니다. 이러한 권리와 책임은 헌법과 국제법에도 잘 나타나 있습니다.

개인이 안전하게 살아갈 권리는 인간의 가장 기본적인 권리 중 하나입니다. 안전하게 살아갈 권리가 사형제도와 어떤 관련이 있는지에 대해서는 다양한 해석이 있습니다. 사형제도를 찬성하는 사람은 국가에는 다른 사람을 죽여서 안전을 위협하는 이들을 처형할 권리가 있다고 말합니다. 하지만 사형제도를 반대하는 사람은 설령 누군가가 다른 사람을 죽였다 하더라도 그 사람의 생명을 앗아가는 사형제도를 시행해서는 안 된다고 주장합니다.

사형제도의 적용

사형제도가 사회적으로 용인된다면 언제 적용되어야 할까요? 18세기 영국에서는 사형제도가 지나치게 남용되었습니다. 가축이나 숟가락, 손수건을 훔치는 것을 포함해 200여 가지 이상의 범죄 중에 하나라도 저지른다면 무조건 사형에 처할 수 있었죠. 하지만 사형을 선고받은 사람들이 모두 처형당한 것은 아니었습니다. 뜨겁게 달구어진 쇠로 낙인이 찍히거나, 당시에는 오지로 여겨졌던 미국이나 오스트레일리아로

추방되기도 했습니다.

기독교 국가에서는 강간, 간통, 동성애적 행위와 신성모독, 다른 종교로의 개종 등의 종교범죄에 사형을 선고하기도 했습니다. 오늘날에도 샤리아 법을 따르는 일부 이슬람교 국가들은 이와 비슷하게 성범죄와 종교적 범죄에 사형이라는 극단적 형벌을 내리고 있습니다.

현대의 사형제도를 유지하는 국가는 보통 계획살인, 반역, 테러 등 아주 중대한 범죄에만 사형선고를 내립니다. 물론 예외도 있습니다. 중

▌ 가벼운 범죄에도 사형이 선고되던 18세기 영국에서는 공개 교수형이 일반적이었다.

국은 살인 이외의 다른 강력범죄와 탈세, 횡령, 마약범죄 같은 비폭력 범죄에도 사형을 선고하며, 싱가포르는 마약 관련 범죄에도 사형을 선고합니다. 1999년, 유엔인권위원회는 사형제도를 유지하는 국가에 '비폭력적인 경제 범죄나 종교적 관행 혹은 양심적 행위'에는 사형을 선고

2005년 마약거래상 두 명이 방콕 마약통제위원회에서 압수한 A급 마약 **암페타민**을 앞에 두고 앉아 있다. 말레이시아 정부와 태국 정부는 마약 거래에 대한 엄격한 법과 사형제도가 자국의 마약 퇴치에 큰 도움이 된다고 주장한다.

하지 말고, '치명적이거나 극히 중대한 결과를 초래하는 의도적인 범죄'에 한해서만 사형선고를 내리도록 촉구했습니다.

사형제도를 찬성하는 사람들은 가장 중대한 범죄에만 사형을 선고하는 것은 사형제도가 단순히 범죄자를 벌하는 게 아니라 정의의 도구로 사용되고 있음을 보여준다고 주장합니다. 이것으로 사형제도에 대한 대중의 신뢰성을 확보할 수 있다는 것이지요. 사형제도를 제한적으로 사용하는 것에는 사형제도를 반대하는 사람들도 지지하고 있습니다. 사형에 처해 당장 죽게 될지도 모를 사람을 구할 수 있다는 현실적인 이유뿐만 아니라 사형제도의 제한적인 사용은 사형제도의 완전폐지로 가는 전 단계로 생각할 수 있기 때문입니다.

사형선고를 받지 말아야 할 사람들

사형을 제한적으로 사용한다면 어떤 사람들에게 사형을 선고해서는 안 될까요? 인권 표준에는 범죄 당시 18세 미만 미성년자와 어린이에게는 사형선고를 내려서는 안 된다고 되어 있답니다. 그리고 정신 장애나 지적 장애가 있는 사람처럼 자기 행위의 결과를 합리적으로 판단할 의사능력이 없는 사람들에게도 사형선고를 내리지 못하게 합니다.

미국과 소말리아를 제외한 모든 국가가 아동에 대한 사형선고를 금지하는 유엔 아동권리협약에 서명했습니다. 하지만 여전히 아동에게도 사형이 집행되고 있어요. 2005년 미국에서는 죄를 저지를 당시 범죄자가 18세 미만이면 사형을 선고해서는 안 된다는 대법원의 최종 판결이 있었습니다.

찬성 VS 반대

너무나 악랄한 범죄를 저지른 사람들은……사형에 처해야 한다.
— **폴 로젠바이크** 헤리티지재단

아이들은 성인과는 완전히 다르므로 보호받아야 할 필요가 있다.
— **수 구나와데나 본** 미국 앰네스티

최악의 범죄에 대한 처벌

사형제도 반대론자들은 최악의 범죄라도 사형으로 처벌해서는 안 된다고 주장합니다. 하지만 아직도 많은 사람들은 정말 끔찍한 몇몇 범죄에는 사형을 선고해야 한다고 주장하고 있습니다. 이런 범죄에는 계획살인, 고문과 신체 절단 그리고 '인간성에 반하는 범죄'가 포함됩니다. '인간성에 반하는 범죄'로는 주로 전쟁 중에 일어나는 고의적인 대량학살, 불법 영토 점령, 반란 등이 있습니다.

그렇다면 대량학살을 저지른 사람들을 사형시키는 것이 당연할까요?

1945년부터 1949년까지 열린 뉘른베르크 전범 재판에서는, **나치** 전범 10여 명이 전쟁범죄에 대해 사형을 선고받고 처형되었습니다. 당시 법정은 그런 악행은 사형으로 다스려야 한다고 판단했습니다. 하지만 이제는 전쟁범죄에 대해서도 사형을 적용하지 않는 쪽으로 논쟁이 기울고 있습니다. 구 유고슬라비아와 르완다 전범을 형사처벌하기 위해 세워진 국제전범재판소도 사형을 선고할 수 없습니다. 여기서 내릴 수 있는 최고형은 종신형이기 때문입니다.

사형제도 찬성론자들은 전쟁범죄자에게 사형이 아닌 종신형을 선고하는 것은 잘못되었다고 주장합니다. 그들의 입장은 강경합니다. 이렇게 흉악한 범죄를 저지른 사람들은 극단적 형벌인 사형에 처해야 한

1994년, 르완다의 군 사령관들은 민간인 대량학살을 지시했다. 100만 명에 달하는 사람들이 학살되었다. 사진은 르완다 대량학살 사건의 생존자가 희생자들의 사진을 보고 있는 모습.

다는 것이죠. 범죄 가해자를 살려주는 건 희생자를 모욕하고, 살아있는 사람들의 정의를 부정하며, 사법기관의 존재 가치를 우습게 만드는 것이라고 생각하기 때문입니다.

사형제도 반대론자들은 사형제도가 사법기관의 품위를 떨어뜨리고, 입법자를 무법자처럼 부도덕하게 만든다고 주장합니다. 또한 사형이 집행되면 사형수의 추종자들이 복수를 하거나 더 심한 범법행위를 할 수 있다고 우려합니다. 따라서 사형을 집행하기보다는 그 범죄와 관

2001년 네덜란드 헤이그 국제전범재판소 앞에 모습을 드러낸 유고슬라비아 전 대통령 슬로보단 밀로셰비치(오른쪽). 그는 반인륜범죄로 법정에 서게 되었다.

련한 진실을 규명하며, 그러한 범죄가 일어나지 않도록 대책을 강구하는 것이 더 중요하다고 주장합니다. 또한 현실적으로 대량학살에 대한 책임을 져야 할 지도자가 재판정에 서는 경우는 거의 없다는 점을 지적합니다. 재판이 시작될 즈음엔 대량학살에 책임을 질 사람들이 이미 죽거나 도피해 버렸기 때문이지요. 결국 정작 재판을 받아야 할 사람 대신 범죄 가담도가 낮은 사람들만 재판정에 서고 있습니다.

간추려 보기

- 사형제도 찬성론자들은 국가가 살인과 중대한 범죄에 대해 사형제도를 유지함으로써 국민을 보호할 수 있다고 생각한다.
- 사형제도 반대론자들은 어떤 상황에서라도 국가가 개인의 생명을 앗아가서는 안 된다고 생각한다.
- 국제인권법은 범죄 당시 18세 미만인 자에 대한 사형집행을 금지하고 있다.

사례탐구 **가오 판**

　가오 판은 중국 허베이 성의 작은 마을에서 태어났다. 2002년 5월, 가오 판은 강도살인 혐의로 사형을 선고받았다. 2003년 4월, 변호사는 가오 판이 범죄를 저지를 당시 18세 미만이었다는 이유를 들어 항소했다. 1997년부터 중국에서도 범죄 당시 18세 미만인 **피의자**에게 사형을 구형하는 것은 법적으로 금지되었기 때문이다. 그러나 법원이 피고인의 범행 당시 실제 나이를 재판에 반영하기 위해 항상 노력하지는 않는다.

　가오의 변호사는 가오가 살인을 저지를 당시 18세 미만이었음을 뒷받침하는 증거를 32가지나 제출했다. 하지만 법원은 범죄 당시 호적상 나이가 18세 이상이었다는 점을 들어 증거자료를 부정했다. 전문가들은 호적 서류 서명이 위조되었다고 밝혀 변호사 주장에 힘을 실어주었다. 게다가 가오의 소학교 증명서에도 1984년 8월 출생으로 적혀 있어 범죄를 저지를 당시 18세 미만이었다는 것을 알 수 있었다.

　법원이 모든 증거자료를 부정하자, 가오의 가족은 가오의 뼈 조직 샘플을 검사하여 나이를 증명하고자 했지만, 법원은 이를 거부했다. 이후 가오 판의 항소 역시 기각되었다. 변호사는 최고인민법원과 전국인민대표대회에 탄원서를 제출하고자 했다. 하지만 2004년 3월 8일, 변호사가 탄원서 제출을 위해 베이징에 머무는 동안 가오는 사형당하고 말았다.

3
CHAPTER

사형 — 최후의 심판

사형제도는 다른 형벌과 한 가지 뚜렷한 차이점이 있습니다. 바로 최종적인 수단으로 사용된다는 것이지요. 누군가를 사형시킨 뒤에는 어떤 방법으로도 결과를 돌이킬 수 없습니다.

사형제도는 다른 형벌과 한 가지 뚜렷한 차이점이 있습니다. 바로 최종적인 수단으로 사용된다는 것이지요. 누군가를 사형시킨 뒤에는 어떤 방법으로도 결과를 돌이킬 수 없습니다. 사형제도를 찬성하는 사람들은 이것을 중요하게 생각합니다. 흉악한 범죄자들을 사형시키면 흉악범을 사회에서 영구적으로 격리시킬 수 있다고 생각하는 것이죠.

그러나 일단 집행이 이루어지면 사형선고 과정에서 오심이 있었다 할지라도, 결코 되돌릴 수 없습니다. 사형을 당한 사람이 나중에 결백한 것이 드러나거나, 새로 밝혀진 사항 때문에 무죄일 가능성이 있다면

알아두기

2006년 4월 15일, 필리핀의 글로리아 마카파갈 아로요 대통령은 모든 사형수의 사형집행을 유보하고 종신형으로 변경했다. 이는 세계 최대 규모의 **감형**으로 여겨지며, 최소 1,230명의 사람들이 생명을 유지한 채 가석방 없는 종신형을 살게 되었다.

어떻게 될까요? 사형제도를 반대하는 사람들은 이것을 가장 강력한 논거로 삼고 있습니다.

실제 재판의 오심 사례

실제로 영국에서는 무고한 사람을 사형시켰다는 게 밝혀지면서 사형제도 폐지 운동이 더욱 거세졌습니다.

1950년 영국 런던에서는 티모시 에반스가 자신의 어린 딸과 부인을 살해한 혐의로 교수형을 당했습니다. 에반스는 유죄를 자백했다가 부정하는 등 여러 번 진술을 번복했어요. 에반스는 지적 장애가 있었는데, 경찰의 강압에 허위 자백을 했던 것입니다.

당시 에반스의 이웃인 존 크리스티 역시 용의자 선상에 올랐으나 알리바이를 제시하고 에반스의 범행을 목격했다는 증언까지 했습니다. 몇 년 뒤에 경찰이 다른 살인 혐의로 존의 집 안을 수사하는 중, 존이 티모시 에반스 사건의 진범임이 밝혀졌고 존도 티모시 에반스 사건 당시 허위 진술을 했음을 인정했습니다.

하지만 아무런 죄가 없는 티모시 에반스는 이미 사형을 당해 이 세상에 없는 사람이었습니다. 이 오심 사건으로 인해 사형제도 폐지를 주장하는 목소리에 힘이 실렸고, 결국 1965년 영국에서는 사형제도가 폐지되었습니다.

재판에서 오심이 생기는 데는 많은 이유가 있습니다. 티모시 에반스처럼 정신적인 장애가 있거나 심적으로 병약한 사람들은 혼란을 일으키거나 심문에 지쳐 허위로 자백을 할 수 있습니다. 물론 경찰의 강압

1953년 런던에서 부인을 살해한 존 레지널드 크리스티가 체포된 모습을 지켜보기 위해 사람들이 모여 있다. 티모시 에반스는 크리스티가 저지른 또 다른 살인사건의 누명을 쓰고 1950년에 이미 교수형을 당했다.

에 의해 허위 자백을 할 수도 있습니다. 심지어 증거가 불리하게 조작되어도 이를 알아채지 못할 수 있습니다. 또한 자신에게 벌어지고 있는 일을 제대로 이해조차 못할 수 있습니다. 특히 **피고인**이 어리거나, 교육을 잘 받지 못했거나, 정신질환 혹은 지적 장애가 있는 경우에는 더욱 그렇죠.

게다가 재판 경력이 없거나 유능하지 못한 변호사가 피고인에게 형을 덜 받으려면 유죄를 인정하라고 잘못된 조언을 할 수도 있습니다. 또 판사가 재판을 불리한 방향으로 이끌거나, 배심원들이 증거 파악에 미숙하고 피고인에게 편견을 가질 수도 있지요. 이런 일들은 제대로 된 사법 체제에서 절대로 일어나서는 안 되지만, 실제로 종종 벌어집니다.

미국에서도 무고한 사람이 사형을 당했다는 의혹이 많이 제기되었

일리노이 주지사 라이언(오른쪽)은 무죄로 판명된 사형수가 많아 곤욕을 치렀다. 라이언은 일리노이 주지사 임기 동안 164명의 사형선고를 가석방 없는 종신형으로 감형했다.

습니다. 1963년부터 2006년까지 죄수 120명 이상이 혐의를 벗었고, 사형이 감형되었습니다. 유죄선고가 뒤집혀서 다시 재판을 받고 석방되거나, 주지사가 **사면**해 주는 경우도 있었습니다. 하지만 항소 절차는 쉽지 않으며 평균 9.2년이라는 오랜 시간이 걸렸습니다.

이런 오심 사례들 때문에 1990년대에는 DNA 증거자료를 사용한 과학 수사 방식이 크게 발전했습니다. 새로 도입된 수사 방식은 예전에 수집되거나 이미 검증된 경찰 증거에 대해서도 적용할 수 있습니다. 그러나 이미 너무 오래전에 일어난 사건에는 DNA 증거가 없어지거나 보

텍사스 교도소의 독극물 주사 집행 테이블. 사형집행을 위해 주사를 놓기 전, 사형수의 몸을 간이침대에 묶는다.

관되지 않아 이 수사법을 적용할 수가 없었습니다.

1977년에서 2000년 사이 미국 일리노이 주에서 놀라운 일이 벌어졌습니다. 이 과학 수사 방식으로 사형수 13명이 무죄임이 밝혀진 것입니다. 이 때문에 공화당 소속 일리노이 주지사 조지 라이언은 곤경에 처했고, 2003년 1월에 사형집행의 임시 중지를 선언했습니다. 그간 사형제도를 찬성해온 라이언 주지사는 무고한 사람들을 처형하는 사형제도를 더는 지지할 수 없다고 밝혔습니다.

> **알아두기**
>
> 1987년 중국에서는 텡 싱샨이 부인을 살해한 혐의로 사형을 선고받았다. 텡은 무죄임을 항변했지만 심문 중 강압에 의해 허위로 자백을 하였고, 1989년에 사형당했다. 그러나 살해된 줄 알았던 텡의 부인은 2005년 6월 발견되었고, 텡은 죽은 뒤에야 살인혐의를 벗을 수 있었다.

정의의 대가

사형제도를 반대하는 사람들은 잘못된 판결로 무고한 사람이 사형당할 수 있다는 것을 주장의 논거로 삼고 있습니다. 이는 사형제도 여론에도 큰 영향을 미쳤습니다. 그러나 사형제도를 찬성하는 사람들은 다음과 같이 맞서고 있습니다. 사형당한 사람들 거의 모두가 유죄였고, 무죄라고 항변하는 사형수들 대다수가 거짓말을 하고 있다고 말입니다. 항소 절차에 시간을 끌어 형 집행을 지연시키기 위한 고의적인 술

책이라는 것이지요. 또 어떤 사람들은 미국에서 사형수가 실제로 무죄로 판결된 경우는 없었다고 주장합니다. 이들은 다만 죄의 질이 과연 사형에 처할 정도였는지 의심이 갈 뿐이라고 말합니다.

> **알아두기**
> 미국에서는 1973년 이래 사형선고를 받았으나 결백을 증명하는 증거가 나타나 석방된 사람이 130명에 이른다.

사형제도 찬성론자들 중에는 무고한 사람이 사형을 당했다는 사실을 인정하는 사람도 있습니다. 그러나 이는 수많은 범죄자를 사회에서 영원히 제거하기 위해 지불하는 작은 대가일 뿐이라고 말합니다. 실수는 언제나 있을 수 있으며 정의를 구현하기 위해 이 정도 대가는 감수해야 한다는 것이지요. 또 어떤 사람들은 우리가 유독 사법제도에만 삶의 다른 영역에서는 기대하지 않는 지나치게 엄격한 기준을 적용하고 있다고 지적합니다. 예를 들어, 교통사고로 선량한 사람들 수천 명이 사망하고 있지만, 자동차 이용을 금지해야 한다고 주장하는 사람은 거의 없다는 것이죠.

한편, 사형제도는 찬성하지만 현재의 사형제도에 결함이 있는 것을 인정하고 이를 개혁해야 한다고 말하는 이도 있습니다. "개정은 해야 하지만, 폐지해서는 안 된다."고 말하는 거죠. 이들은 모든 사례를 완전히 재검토하려고 하지는 않습니다. 시간과 비용이 너무 많이 들기 때문입니다. 이들은 현 제도에서도 이미 충분히 길고 정교한 항소 절차가 갖추어져 있으므로 이 과정을 통해 오류를 바로잡을 수 있다고 말합니다. 또한 DNA 분석 등 과학 수사 기술을 활용해 오류를 최소화하여 재판의 정확성을 높일 수 있다고 주장합니다.

　사형제도 찬성론자들은 사형은 최후의 수단이므로 죄수들이 죽음

사형수로 수감된 전 갱단 두목 스탠리 '투키' 윌리엄스는 청소년들이 갱단, 마약, 범죄의 세계에 발을 들이지 말도록 설득하는 책을 여러 권 집필했다.

앞에서는 진실을 이야기할 것이라고 주장합니다. 진실을 말한다 해도 어차피 그들에게는 더 이상 잃을 것이 없다는 생각 때문이죠. 사형제도 반대론자들은 죄수들이 살아 있다면 자신이 저지른 죄에 대해서 재판이 끝난 몇 년 뒤에라도 자백하고, 죗값을 치를 기회를 줄 수 있다고 주장합니다. 사건의 전모를 밝히고, 나아가 희생자 가족들이 상실을 받아들이는 데 도움을 줄 수 있다고도 하지요. 또한 사형수들이 남은 생 동안 죄를 반성하고 선행을 하게 할 수도 있습니다.

예를 들면, 살인혐의로 사형선고를 받은 갱단 두목 스탠리 '투키' 윌리엄스는 수감 생활 중에 갱단 간의 싸움을 반대한다고 공개적으로 밝히며 반폭력활동가로 나섰습니다. 그런 스탠리 '투키' 윌리엄스의 생명

찬성 VS 반대

"사형제도에 관해 신경 쓸 필요가 없다고 생각합니다. 저는 사형제도를 필요악이라고 결론을 내렸습니다."

– 케네스 스톨 웨스트버지니아 주 상원의원 2000년 3월

"우리 주에서는 이제 사형집행을 유예하고자 합니다. 무고한 사람들이 사형 선고를 받고, 집행을 기다리는 횟수가 우려할 만한 수준에 이르렀기 때문입니다. 법의 시행에 오류가 있는 것이 드러났고, 국가가 무고한 사람의 생명을 앗아가고 있습니다. 저는 끔찍한 악몽과도 같은 사형제도를 찬성할 수 없습니다."

– 조지 라이언 일리노이 주지사 2001년 5월

을 구하고자 국제적인 캠페인이 벌어졌지만 스탠리는 결국 2005년 12월 사형에 처해졌습니다.

범죄자 VS 순교자

사형제도를 반대하는 사람들은 사형이 범죄자를 미화할 수 있다고 경고합니다. 특히 정치적 명분으로 움직인 범죄자들에게는 사실일 수 있습니다. 해당 범죄자를 지지했던 사람들이 사형수를 순교자로 여기며 추종한다는 것이죠.

1916년, 영국 정부는 영국의 아일랜드 통치를 반대하며 폭력적인 저항운동을 일으킨 아일랜드 민족주의자 15명을 사형에 처했습니다. 이 민족주의자들은 영국으로부터의 정치적 독립을 위해 싸웠던 사람들이었습니다. 영국정부는 반란을 진압하려고 그들을 사형시켰으나, 오히려 이 때문에 아일랜드 민족주의에 대한 대중의 지지는 더 뜨거워졌습니다. 마침내 아일랜드는 독립을 이룩했고, 이제는 많은 사람들이 처형된 사람들을 순교자이자 독립투사로 기억하고 있습니다.

여기 순교자가 되고 싶은 또 한 사람, 자카리아스 무사위가 있었습니다. 미국 정부는 무사위가 2001년 9월 11일에 감행된 뉴욕의 세계무역센터와 워싱턴 DC의 펜타곤 테러에 적극적으로 가담했다고 주장했습니다. 무사위는 테러와 살인을 공모한 혐의로 기소되었습니다. 배심원단은 무사위에게 사형선고를 내릴 수도 있었지만 오랜 재판 끝에, 2006년 5월 사형선고를 기각한다는 결정을 내렸습니다. 9·11 테러에서 무사위는 제한된 역할만 담당했기 때문입니다. 배심원 중 9명은 무사위가

2001년 9월 11일에 일어난 폭발테러로 미 국방부에 화재가 발생했다. 이 사진은 2006년 자카리아스 무사위의 재판 당시 증거로 제출되었다.

어린 시절 학대를 받아 정서적으로 불안정하다고 했습니다. 배심원의 이런 판단 역시 사형선고 기각에 영향을 주었습니다. 무사위는 결국 경비가 가장 삼엄한 교도소에서의 가석방 없는 종신형을 선고받았습니다.

사례탐구 라이언 매튜스

1997년 4월, 미국 루이지애나 주 브리지시티에서 라이언 매튜스가 동네 가게 점원을 살해한 혐의로 체포되었다. 당시 라이언은 17세였다. 목격자 3명은 살인범이 스키 마스크를 쓰고 있었고, 키가 작은 편이라고 증언했다. 라이언 매튜스는 키가 180센티미터였고, 스키 마스크에서는 라이언과 관련된 DNA 증거는 발견되지 않았다.

라이언은 흑인이었고, 가난한데다 지적 장애까지 있어 불리한 상황이었다. 1999년 5월에 이루어진 재판에서 상황은 더 나빠졌다. 라이언의 국선 변호사가 사건의 사실 관계를 조사하지 않았고, DNA 증거도 이해하지 못하는 등 재판 준비를 제대로 하지 않았기 때문이다. 게다가 인구의 3분의 1이 흑인인 지역에서 **배심원** 12명 중 11명이 백인이었다. 재판은 3일밖에 걸리지 않았다. 재판 둘째 날에는 판사가 배심원단에게 밤늦게까지 남아서라도 결정을 해야 한다고 재촉했던 것이다. 결국 라이언은 유죄를 선고받았고 이틀 뒤 사형선고가 내려졌다.

사형제도를 반대하는 운동가들이 라이언 사건을 알게 되었고, 새로운 변호사들이 전면 재수사에 착수했다. 이들은 스키 마스크에서 발견된 DNA가 이미 살인죄로 수감 중인 다른 사람의 것과 일치함을 밝혀냈다. 더욱이 이 사람은 라이언이 유죄를 선고받은 사건을 자신이 저지른 것이라고 떠벌리고 있었다.

2004년 4월, 새로운 증거에 바탕을 둔 재판이 새로 열렸고, 이 과정에서 검찰이 증거를 숨겨왔다는 사실도 밝혀졌다. 몇 달 뒤 검찰은 라이언에 대한 기소를 취소했고, 라이언은 산산조각 난 삶을 비로소 일으켜 세울 수 있었다. 라이언은 DNA 검사로 무죄임이 증명된 미국의 14번째 사형수였다.

간추려 보기

　다른 형벌과 달리 사형은 극단의 형벌이므로 돌이킬 수 없는 결과를 낳는다. 사형제도 반대론자들은 재판의 오심으로 무고한 사람들이 사형당하거나 사형수로 수감된다고 주장한다. 최근 미국에서는 DNA 검사를 통해 사형수들의 결백이 밝혀진 바 있다. 사형제도 찬성론자들은 무고한 사람이 사형당하는 경우는 극히 드물며, DNA 검사를 통해 유죄 판결의 정확성이 높아져 오심이 줄어들 것이라고 주장한다.

4
CHAPTER

사형제도가 '인간적'일 수 있을까요?

사형의 방법에는 불사르거나(화형) 돌을 던지거나(투석형) 목을 옭아매거나(교수형) 목을 베거나(참수형) 오랫동안 고문을 가해 죽이는 등 여러 가지가 있습니다. 지금은 사라진 방법도 있고, 여전히 사용되는 방법도 있어요.

사형의 방법에는 불사르거나(화형) 돌을 던지거나(투석형) 목을 옭아매거나(교수형) 목을 베거나(참수형) 오랫동안 고문을 가해 죽이는 등 여러 가지가 있습니다. 지금은 사라진 방법도 있고, 여전히 사용되는 방법도 있어요. 사우디아라비아에서는 참수를 하며, 이란에서는 교수형과 투석형을 행합니다. 두 나라 모두 대중 앞에서 공개적으로 사형을 집행하고 있습니다. 중국에서는 1990년대까지만 해도 사형수에게 죄명을 쓴 현수막을 목에 걸고 거리행진을 하도록 시킨 다음 총살시켰습니다.

일부 사형제도 찬성론자들은 정의 실현을 위해서뿐만 아니라 정의가 실현되는 과정을 모두 볼 수 있도록 사형은 반드시 고통스럽고 공개적으로 집행되어야 한다고 주장합니다. 그러한 고통과 모욕 역시 처벌의 일부분이 될 수 있고, 그래야 잠재적인 범죄자들을 확실하게 억제할 수 있다는 것이죠.

하지만 사형제도를 반대하는 사람들은 그러한 사형집행은 모멸적이라고 답합니다. 사형수가 삶의 마지막 순간에 사생활을 보호받지 못하고 존엄성마저 부정당할 수 있다는 거지요. 또한 처형 과정을 지켜보는 사람들이 잔인하고 포악한 광기에 사로잡힐 수 있지요. 사형제도 반대론자들은 사형제도가 '잔혹하고 비정상적인 형벌'이기 때문에 인권에 위배된다고 말합니다.

> **알아두기**
>
> 미국 수정헌법 제8조, 세계인권선언 제5조, 유럽인권선언에 따르면, 사형은 '잔혹하고 비정상적인 형벌'이다.

18세기 후반 프랑스 혁명 당시에는 새로 발명한 단두대에서 목을 베어 공개적으로 처형하는 일이 많았다.

인간적인 사형집행?

죄수를 공개적으로 사형시키지 말고, 인간적으로 사형을 집행하자는 움직임이 일어났습니다. 악명 높은 단두대는 프랑스 혁명 시대에 만들어져 1792년 처음 사용되었습니다. 기존의 사형 방식보다 더 빨라 인간적이며, 과학적인 집행 방식으로 알려졌지요. 영국에서는 1868년에 마지막으로 공개처형이 이루어졌습니다. 그 뒤 사형수들은 교도소 내에서 교수형에 처해졌습니다. 어떤 나라는 총으로 사형을 집행했는데, 이것 또한 빠르고 비교적 고통 없는 수단으로 여겨졌습니다.

| 가스실. 독가스 주입은 빠르고 비교적 고통이 없는 사형 방법이라고 여겨졌기 때문에 20세기 미국에서 널리 사용되었다.

사형을 '인간적'이고, '고통 없이', '과학적'으로 집행하는 데 가장 많은 노력을 기울인 나라는 미국이었습니다. 뉴욕 주에서는 1890년 최초로 전기의자를 사용했는데, 이는 고압의 전류를 대량으로 흐르게 하여 죄수를 사형시키는 방법입니다. 1924년 네바다 주는 최초로 밀폐된 가스실에서 청산가리 가스를 주입하였습니다. 1977년 오클라호마 주에서는 독극물 주사를 사용하기 시작했습니다.

사형집행에 사용되는 독극물 주사는 세 가지 주사로 이루어져 있습

▎뉴욕 주는 1890년 처음으로 대량의 고압전기가 흐르는 전기의자를 사용해서 사형을 집행했다.
▎전기의자는 20세기 내내 사용되었다.

니다. 첫 번째 주사는 사형수를 의식불명 상태에 빠지게 하고, 두 번째 주사는 근육의 움직임을 정지시키며, 마지막 세 번째 주사는 심장박동을 멈추게 합니다. 오늘날 미국은 독극물 주사를 이용한 사형을 가장 일반적으로 사용하고 있습니다.

사형제도 찬성론자들은 이러한 사형 방식의 발전이 사형수들이 사형에 이르는 과정을 덜 고통스럽게 하고, 일반 대중에게는 사형을 쉽게 받아들일 수 있게 한다고 주장합니다. 사형제도 반대론자들은 어떤 사형집행 방법이 다른 방법보다 덜 고통스러운 방법은 될지언정 사형집행 방법에서 애초에 '인간적'인 방법은 없다고 말합니다. 또 '과학적'인 방법일지라도 사형집행이 잘못될 수 있다는 것입니다. 가령 너무 센 전기가 사형수를 태워버리거나, 가스로 너무 천천히 질식시키거나, 독극물 주사가 실패한다거나 하는 식으로 말이죠. 그리고 사형의 순간만 끔찍한 것이 아니라고 합니다. 이들은 사형의 전 과정이 다 끔찍한 것이라고 주장합니다. 마지막 순간까지 바라던 사형집행 유예에 대한 간절한 희망이 꺾이는 정신적인 고문을 당해야 하고, 미국에서는 법적인 절차를 밟는 수년 동안 사형수 감방에서 지내야 하는 것까지, 모든 게 다 끔찍하다고 말합니다.

누구에게 책임이 있을까?

사형을 '인간적'으로 집행한다는 것은 곧 사형집행자의 역할을 재정의해야 함을 의미합니다. 개인에게 사형집행에 대한 책임이 있다면 어느 누가 선뜻 도끼를 휘두르고, 사람을 죽음에 이르게 하는 레버를 당기거나, 버튼을 누르려 할까요? 사형제도를 찬성하는 사람들은 사형집행자가 여러 명이거나 사람 대신 기계가 집행한다면, 집행자 개인에게만 전가되던 부담과 책임이 분산되거나 기계로 넘어가니 문제가 없다고 주장합니다.

그러나 실제로도 그럴까요? 사형제도를 반대하는 사람들은 기계장

영국의 농부이자 목수인 데이비드 루카스는 최근까지도 수출용 교수대와 교수형 집행도구를 만들었다. 현재 영국에서 이런 행위는 금지하고 있다.

치가 결코 중립적이지 않다고 주장합니다. 사람이 기계를 만들고, 유지·보수하는데다, 기계를 조작하는 주체 또한 인간이기 때문이죠. 예를 들면, 2006년 5월 국제앰네스티는 중동과 아프리카 지역 수출용으로 교수대와 교수형 집행도구를 만들었다고 주장한 한 영국인의 활동에 주목했습니다. 국제앰네스티는 유럽연합(EU)에 고문 도구에 대한 수출 규제를 강화할 것을 촉구했지요. 그해 8월, 유럽연합 국가에서는 고문 도구를 수출하는 행위를 금지하는 새로운 규제가 제정되었습니다.

고통스러운 사형

사형제도 반대론자들은 기계를 사용한 사형이 사람이 집행하는 사형보다 더 고통스러울 수 있다고 주장합니다. 미국에서 행해지는 독극물 주사 사형 방식을 살펴봅시다. 미국의사협회(American Medical Association, AMA) 윤리지침은 의사들이 사형이 집행될 때 증인이 되거나 사후 사망 사실을 확인하는 것은 허용하고 있지만, 의사가 직접 독극물 주사를 놓는 것은 금하고 있습니다. 그래서 기술자나 간수 또는 남성 간호사가 사형수의 몸에서 정맥을 찾아 주사를 놓습니다. 그렇다 보니 때때로 이 집행 과정이 원활하지 못해 사형수가 더 고통스러운 죽음을 맞이하기도 합니다. 한 예로, 2006년 5월 오하이오 주에서는 조셉 클라크가 정맥을 찾는 게 서툴러 두 번이나 주사를 놓아야 했고, 사형수가 사망하기까지 장장 90분이나 소요되었습니다.

사형제도 찬성론자들은 잔인한 성격의 사형집행자나 집행 방법에 대비한 안전장치만 있다면, 사형이 세심하고 전문적으로 집행될 수 있다고 말합니다. 사형제도 반대론자들은 집행 과정에서의 참여도가 극히 적다고 하더라도 사형집행과 관련되어 있는 한 누구나 집행 과정에서 오명을 뒤집어 쓸 수 있다고 말합니다.

찬성 VS 반대

귀에 거슬리겠지만, 독극물 주사가 사랑하는 애완동물을 안락사 시키는 데 쓸 정도로 좋은 방법이라면, 의도적인 살인을 저지른 범죄자들에게는 지나치게 좋은 방법일 것이다.

—로널드 베일리 리즌 저널('자유로운 지성과 자유 시장'을 위한 온라인 정치 저널)
2006년 4월

도널드 유진은 정말로 고통스러워했다. 이것은 폭력적인 죽음이자 추악한 살인 사건이다. 우리는 동물을 죽일 때도 이보다는 더 인도적으로 죽인다.

—캐머런 하퍼 TV저널리스트
1992년 미국 애리조나 주의 가스실에서 도널드 유진의 죽음을 목격한 뒤

알아두기

1990년 이후에도 범죄 당시 18세 미만인 죄수가 사형당한 사례가 있다. 중국, 콩고민주공화국, 이란, 나이지리아, 파키스탄, 사우디아라비아, 미국, 예멘 모두 8개국인데 특히 이란은 2005년 18세 미만의 소년 8명을 사형시킨 바 있다.

사형의 대안

살인범을 벌하는 데는 사형이 가장 일반적인 형벌입니다. 그러나 다른 방법이 있을까요? 사형의 대안으로는 어떤 것이 있을까요? 옛날에는 사지 절단, 자발적 혹은 비자발적인 추방 같은 처벌도 있었지만, 현대 사회에서는 이 중 어떤 것도 용인될 수 없을 것입니다. 사형의 대안으로는 일반적으로 무기징역형이 언급되고 있습니다. 무기징역은 일정 기간, 즉 10년에서 20년 사이를 복역한 후 석방이 될 수 있는 것과, 아예 가석방이 없는 종신형 두 가지 모두를 말합니다.

사형제도 찬성론자들 가운데는 사람의 생명을 앗아간 형벌로써 무

필리핀 마닐라에서 재소자들이 한 감방을 공동으로 사용하고 있다. 종신형 같은 장기형은 사형제도의 대안이 될 수 있다.

기징역도 적당한 처벌이 아니라고 주장하는 사람도 있습니다. 모든 살인범은 모조리 사형시켜야 한다는 것이죠. 그러나 사형제도 찬성론자 대부분은 종신형이 적절한 경우도 있지만, 계획적인 살인이나 연쇄 살인, 아동 살인 혹은 강간과 고문 등과 관련된 살인에는 사형을 선고하는 게 마땅하다고 주장합니다.

사형제도 반대론자들은 흉악한 범죄자만 사형을 받는 게 아니라 가난하고 힘없는 사람들, 특히 좋은 변호사를 선임할 수 없거나 추가적인 DNA 검사 또는 철저한 사실 조사를 받지 못했던 이들이 사형을 선고받고 있다고 지적합니다. 게다가, 경우에 따라 사형수 감옥에서 10년 이상 사형이 집행되길 기다려야 하는 이들은 사실상 종신형과 사형을 같이 받는 꼴이라고 합니다. 이중 처벌을 받고 있다는 것이지요. 따라서 사형제도를 반대하는 이들은 사형 대신 종신형을 내려야 한다고 주장합니다. 한편으로는, 가석방 없는 종신형을 선고받았다고 하더라도, 죄수에게 목숨이 붙어 있는 한, 참회하고 개과천선할 기회를 줄 수 있기 때문입니다.

사례탐구 앨버트 피에르폰트

　앨버트 피에르폰트(1905-1992)는 교수형 집행자였던 아버지와 삼촌의 뒤를 이어 영국에서 수석 교수형 집행자가 되었다. 교수형 집행자는 전업적인 일이 아니라서 앨버트는 화물 운송을 하다가, 나중에는 술집을 운영하기도 했다. 앨버트는 자신이 교수형을 가장 빠르고 인간적으로 집행하고 있다고 확신했다. 이 때문에 사형수들이 죽기 전이나 죽은 뒤에도 모두 인간으로서의 존엄성을 지킬 수 있었다고 생각해 큰 자부심을 가졌다.

　앨버트는 영국 역사상 교수형을 가장 많이 집행한 사람이었다. 몇 년 뒤, 앨버트는 교수형 집행자로 유명해지면서 사형제도를 반대하는 시위자들의 표적이 되었다. 앨버트는 총 433명에게 교수형을 집행했는데, 이 중에서 200명 정도가 나치 전범이었다. 그 외의 대부분은 살인범이었으나, 처형당한 몇 명은 나중에 무죄로 밝혀지기도 했다.

　앨버트는 자서전에서 다음과 같은 이유를 들며 사형제도를 반대한다고 입장을 바꿨다. "나는 사형제도가 아무것도 해결할 수 없다고 결론을 내렸습니다. 사형은 복수하고자 하는 원초적 욕망에 근거한 구시대적 유물일 뿐입니다. 손쉽게 복수를 하고 그 책임을 다른 사람에게 떠넘기는 것이죠…… 모든 사람에게 이득이 될 것 같아 사형제도를 원하는 사람은 없었습니다."

간추려 보기

- 지난 100여 년간, 사형집행을 좀 더 '인간적'으로 하자는 움직임이 있었다.
- 사형제도 반대론자들은 사형은 절대로 인간적일 수 없고, 잔인하고 고통스러울 뿐이라고 한다.
- 사형제도 찬성론자들은 사형이 세심하고 전문적으로 집행될 수 있다고 한다.
- 사형제도의 대안으로는 종신형을 들 수 있다.

5
CHAPTER

누구는 살고 누구는 죽는다

사형제도가 모든 이에게 공정할까요? 이것은 사형제도를 둘러싼 뜨거운 이슈 중 하나입니다.

사형제도가 모든 이에게 공정할까요? 이것은 사형제도를 둘러싼 뜨거운 이슈 중 하나입니다.

공정성

공정성이란 인종, 민족, 종교, 정치 혹은 그 밖의 다른 이유로 어떤 이도 차별해서는 안 되며, 부유하든 가난하든 모두 법 앞에 평등해야 하는 것을 의미합니다. 즉 누구나 똑같이 법의 적용을 받아야 한다는 것이지요.

확실한 유죄 혐의가 없는 사람을 법정에 세워서는 안 되며, 증거 또한 적확하게 수집해야 합니다. 증인은 거짓 증언을 하지 않아야 하고, 사건을 수사하는 경찰과 판결을 내리는 재판관은 유능하고 도덕적이어야 합니다. 모든 죄수는 적절한 법적 자문과 공정한 재판을 받을 수 있어야 합니다. 재판은 급하게 진행되어서는 안 되며, 모든 증거는 법정에서 진술되어야 하고, 배심원단은 편견을 가져서는 안 됩니다. 그리고 정신질환, 지적 장애, 가정폭력 등 피고인에게 특수한 상황이 있다면 이를 고려해야 합니다. 또한 판결에 하자가 있는 경우 이를 수정하기 위해서 적절한 항소 절차가 마련되어 있어야 해요.

차별이 존재하나요?

사형은 은밀하게 집행되기 때문에 어떤 식으로 차별이 이루어지는지에 대해서는 알기가 어렵습니다. **피고인**에게 사형을 선고하고 형을 집행하는 과정이 서둘러 진행되는 등 재판이 불공정하게 진행되는 나

사우디아라비아 제다에서 사진 기자가 마약거래상으로 추정되는 사람을 참수시키는 현장을 몰래 찍었다. 사형집행은 이처럼 비밀리에 이루어지거나 불공정한 재판에 따라 진행되는 경우가 많다.

라가 많습니다. 어떤 국가에서는 특정 집단이 불공정한 대우를 받고 있지요. 예를 들어 사우디아라비아에서는 자국민보다 이주노동자들이 사형을 받을 확률이 더 높습니다.

미국에서도 구체적인 증거를 발견할 수 있습니다. 사형제도 반대론자들은 사형수 중에는 가난하고 제대로 교육받지 못한 사람들의 수가 압도적으로 많다는 점을 지적합니다. 이들 대다수는 백인이 아니거나 소외된 계층이며, 몇몇은 정신질환을 앓거나 신체적 장애를 가지고 있었습니다. 이들은 사법 체계를 온전히 이해하지 못하고, 좋은 변호사를 만나기도 어려운데다, 선입견을 품고 있는 배심원단 때문에 불공정하거나 불완전한 재판을 받고 있습니다. 그래서 사형제도를 반대하는 사람들은 사형제도는 불공정하고 독단적이며 인종차별적이라고 주장합니다.

사형제도를 찬성하는 사람들은 이러한 지적에 두 부류로 나뉘어 반박합니다. 일부는 사법제도에 편견이 개입되고 있다는 것 자체를 부정합니다. 또 다른 이들은 재판 중에 편견이 개입된다는 데는 동의하지만, 그것이 사법제도만의 문제라기보다는 사회의 전체적인 모습이 사법제도에 반영된 것이라고 주장합니다.

인종차별은 어떻게 이루어질까?

인종에 대한 편견은 중요한 논쟁 대상입니다. 미국에서는 아프리카계 미국인(흑인)이 다른 인종에 비해 더 많이 체포됩니다. 미국 전체 인구에서 흑인이 차지하는 비율은 고작 12퍼센트밖에 되지 않지만, 유죄

선고를 받은 사람 중 거의 50퍼센트가 흑인입니다. 사형수 감방에 수감되어 있는 3,200여 명 중 42퍼센트가 흑인이며, 43퍼센트가 백인, 12퍼센트가 **히스패닉(라틴아메리카계)**입니다. 게다가 1976년 이래 사형된 사람 중 3분의 1이 흑인이었습니다(아래 도표 A를 보세요).

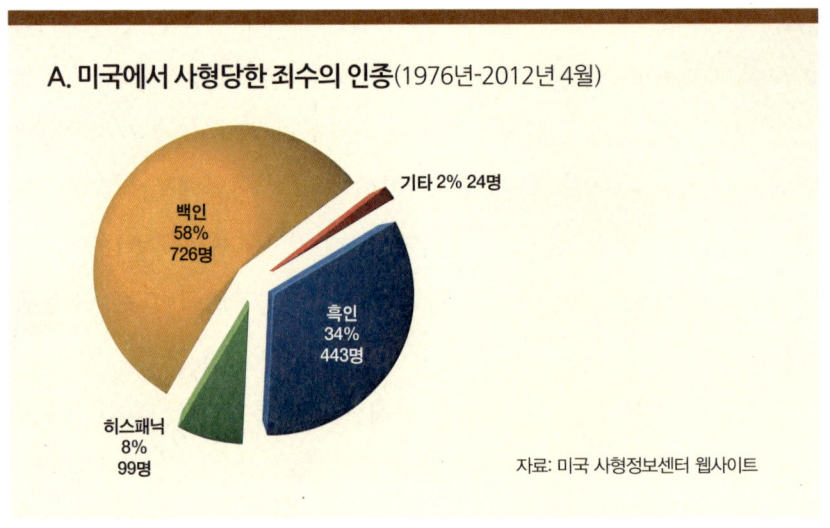

평균적으로 흑인은 백인보다 가난하며, 슬럼가의 낡은 주택에 살고 있을 가능성이 더 높으며, 의무교육을 마치거나 대학에 진학할 가능성이 더 낮습니다. 이처럼 흑인들의 삶이 비교적 더 힘들기 때문에 더 자주 범죄를 저질러 감옥에 갇히거나 사형당하는 경우가 많다는 점은 충분히 이해할 만하다는 주장도 있습니다.

그러나 차별의 증거는 좀 더 명확합니다. 통계는 사형 선고를 내릴 때 피해자의 인종이 가장 중요한 요소로 고려되고 있음을 보여줍니다. 흑인이 백인을 살해하는 경우 대개는 사형이 선고되지만, 백인이 흑인을 살해하는 경우 사형이 선고되는 일이 드뭅니다. 1976년에서 2012년 사이 사형집행 건수의 76퍼센트는 범죄의 희생자가 백인이었고, 단 15퍼센트만이 흑인을 살해한 죄로 사형을 당했습니다(아래 도표 B를 보세요).

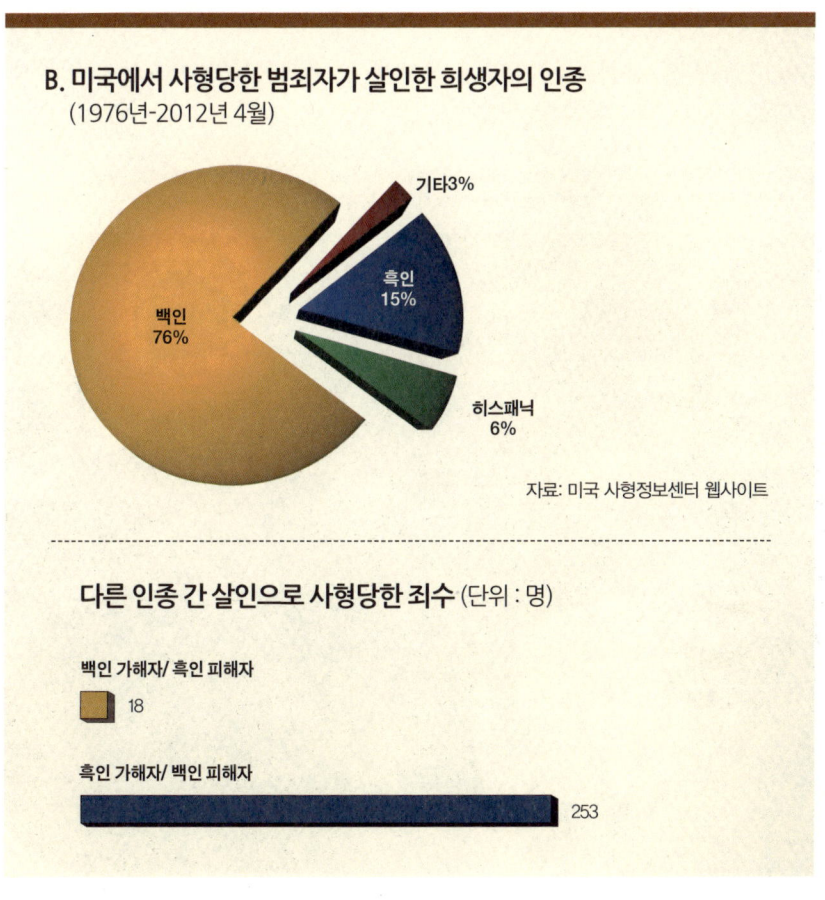

> **알아두기**
> 1976년에서 2006년 동안 텍사스 주에서 흑인을 살해해 처형된 백인은 단 한 명도 없었다.

배심원단의 편견

사형제도와 관련된 또 다른 이슈는 배심원단을 구성하는 문제입니다. 미국 법은 배심원이 판결에 영향을 줄 수 있는 편향된 관점이나 태

흑인과 소수민족들은 백인보다 사형선고를 받을 가능성이 더 크다. 사진은 전 갱단 출신 스탠리 '투키' 윌리엄스가 사형된 날, 미국 로스앤젤레스에서 항의시위대가 모여 기도를 하는 모습.

도를 가지고 있으면, 해당 배심원을 거부할 수 있습니다. 배심원의 인종은 고려대상이 아니에요. 하지만 피고인이 흑인이거나, 지역 사회에서 주민의 대다수가 흑인일지라도 흑인 배심원은 배제되어 왔습니다.

한 연구에 따르면, 배심원의 편견이나 무관심이 재판 결과에 큰 영향을 준다고 합니다. 이러한 배심원단 문제는 배심원들이 사형을 포함한 형량을 결정하는 주에서 특히 중요한 이슈가 되고 있습니다.

1987년, 펜실베이니아 주의 한 수습검사는 실습 비디오에서 이런 발언을 했습니다. "불공정하고, 법정에서 유죄를 가장 잘 선고할 것으로 기대되는 배심원을 선정하기 위해 최선을 다해야 합니다. 그러면 당신은 인종주의자인 것처럼 보이겠지만 이것이 미국의 현실적인 모습입니다." 10년 뒤 이 비디오테이프가 일반에게 공개되어 수많은 사형 선고 판결에 항소할 수 있는 근거가 되기도 했지요.

찬성 VS 반대

사형 선고 과정에서 일어나는 불평등은 우리 형법 체계에서는 부득이한 부분이다.
—미국 대법원 판례 1987년

가장 고도로 발달된 사형제도조차도, 누구를 살리고 누구를 죽일지 결정하는 데 있어 인종적 요인이 중요한 판단 기준으로 작용하고 있다.
—미국 대법원 판사 블랙먼 1994년

차별일까, 아닐까?

사형제도 찬성론자들이 사형선고 과정에서 이루어지는 인종차별에 대해 대응하는 방식은 여러 가지입니다. 어떤 사람들은 노골적으로 인종주의자임을 밝히면서 차별적인 제도를 지지합니다. 차별이 일어난다고 생각하는 것 자체가 틀렸거나, 통계가 잘못 해석되었다며 차별 자체를 부정하는 사람들도 있습니다. 사형제도를 찬성하는 몇몇 사람들은 지금의 사법제도가 소수인종과 가난하고 힘없는 죄수들에게 불리하지만, 이는 미국 사회에서 나타나는 인종차별과 경제적 불평등이 반영된 것이라고 말합니다. 그래서 이들은 사법제도 그 자체는 아무런 문제가 없고, 원판결에 결함이 있다면 항소제도를 통해 바로잡을 수 있다고 주장합니다.

간추려 보기

- 모든 재판과 사형을 포함한 형벌제도는 공정성과 비차별성 원칙에 기초해야 한다.
- 사형제도 반대론자들은 편견과 차별적 인식으로 가난한 사람들, 소수자들 그리고 적절한 법률적 도움을 받지 못하는 사람들에게 사형이 더 많이 선고될 수 있다고 주장한다.
- 사형제도 찬성론자들은 사형제도 자체가 차별적인 것이 아니라 사회에서 드러나는 불평등을 반영하고 있는 것이라고 말한다.

사례탐구 **앤서니 그린**

  1987년 11월, 앤서니 그린은 쇼핑몰에서 수전 바비치에게 강도질을 하고 총으로 살해했다. 앤서니는 곧 체포되었고, 바로 죄를 시인했다. 당시 22살인 앤서니는 학교에서도 모범생이었고, 전과도 없는데다 여러 정황상 살인을 저지를 이유는 없었다. 다만 앤서니에게는 마약 문제가 있었다.

  다른 주에서 동일한 죄로 재판을 받았다면 앤서니는 종신형을 선고 받았을지도 모른다. 하지만 앤서니는 사우스캐롤라이나 주 찰스턴 카운티에 사는 흑인 남자였고, 백인 여자를 살해했다. 사우스캐롤라이나 주는 인종에 대한 편견이 매우 높은 곳이어서 백인을 살해한 흑인이 흑인을 살해한 백인보다 사형선고를 받을 확률이 3.5배나 높았다. 앤서니가 사는 찰스턴 카운티는 그런 경향이 가장 심해서 흑인이 백인보다 사형선고를 받을 확률이 14배나 높았다.

  앤서니는 사형수 감방에서 15년을 보냈다. 앤서니의 변호사는 인종 편견 때문에 사형이 선고되었다며 계속해서 주 당국과 연방법원에 항소했지만 번번이 실패했다. 미주인권법원은 사우스캐롤라이나 주에 재판 과정에서 인종적 편견이 작용했는지 여부가 확정될 때까지 사형집행을 연기할 것을 요청했다. 그러나 결국 2002년 8월 앤서니 그린은 사형당했다.

CHAPTER 6

사형제도는
사회를 더 안전하게 만들까요?

사형제도를 찬성하는 사람들은 사형제도가 범죄 예방과 억제라는 두 가지 측면에서 사회를 더 안전하게 만든다고 주장합니다.

사형제도를 찬성하는 사람들은 사형제도가 범죄 예방과 억제라는 두 가지 측면에서 사회를 더 안전하게 만든다고 주장합니다.

범죄의 예방과 억제

사형제도를 찬성하는 사람들은 사형제도가 위험한 범죄자들을 사회에서 영구적으로 제거한다고 직설적으로 이야기합니다. 거칠게 말하면 이런 것이죠. "살인아 한 사람이 사형당할 때마다 당신을 해할 사람이 한 명씩 줄어듭니다."

사형제도 반대론자들은 사형이 아니더라도 종신형으로서 같은 효과를 거둘 수 있다고 말합니다. 그들은 사형당하는 사람의 숫자가 살인범의 수에 비해 아주 적다는 것을 지적합니다. 예를 들면, 2004년 미국에서 살인을 저지른 사람은 16,137명이지만 이 중 59명만 사형을 당했습니다. 이 수치에서 알 수 있듯이 사형제도가 범죄 예방 효과를 담보하고 있다고 볼 수 없다는 것입니다. 즉, 사형제도를 찬성하는 사람들이 말하는 것처럼 사형을 시킨다고 살인사건을 예방할 수 있는 것은 아니라고 주장합니다.

　사형제도를 찬성하는 사람들은 그렇기 때문에 오히려 더 자주 사형을 집행해야 하며, 사형이 드물게 집행된다 하더라도 여전히 범죄 억제 효과가 있다고 말합니다. 사람들이 어떤 범죄를 저질러서 처형받을 것을 알면, 그와 유사한 범죄는 덜 저지르게 된다는 것이지요. 언뜻 들으면 사형제도가 억제책으로 작용한다는 것이 논리적으로 들립니다. 범죄자들은 처벌이 가혹할수록 위험을 감수하려고 하지 않을 테니까요.

　사형제도를 찬성하는 사람들은 위와 같은 주장을 뒷받침하기 위해 복잡한 통계 분석을 사용하고 있습니다. 사형이 한 번 선고될 때마다 얼마만큼의 생명을 구하게 되었는지 증명하기 위한 일반적인 시도이죠. 예를 들면, 1975년에 이루어진 한 연구에서는 사형 집행

2005년 뉴델리에서 테러 희생자의 유족이 전인도반테러전선 (All India Anti-Terrorist Front: AIATF)이 개최한 회의에 참석하여 의견을 말하고 있다. AIATF는 테러범들이 저지른 범죄에 대해 경각심을 불러일으키며, 사형제도를 유지하기 위해 인도 정부에 로비를 하고 있다.

1회당 추가 살인 7건을 예방한다고 했고, 2005년의 연구에서는 사형집행 1회당 살인사건 18건을 예방한다는 결과가 나왔습니다. 사형제도를 반대하는 사람들은 이런 수치가 잘못되었거나 크게 과장되었으며, 억제책 논리에도 결함이 있다고 생각합니다. 반대론자들은 많은 살인자들의 범행 동기가 비이성적이었음을 지적합니다. 정신적으로 문제가 있거나 술 혹은 마약에 취한 상태에서 범행을 저지르는 경우가 많았기 때문입니다.

만약 어떤 사람이 폭력적인 환경에 노출되어 살고 있다면 어떨까요?

엘살바도르의 마라 살바트루차 갱단 단원이 살인 혐의로 체포된 모습. 사형제도가 이러한 조직폭력단에게도 억제책으로 작용할 수 있을까?

이를테면 자동차를 이용한 총격이나 보복 공격 등이 빈번하게 일어나는 곳에서 살아가는 사람에게는 사형제도의 범죄 억제 효과를 기대하기 어려울 수 있습니다. 이들은 일상적으로 부딪히는 폭력에 무감각해져서 사형제도도 전혀 위협적이지 않을 테니까요.

반대론자들은 사형제도 찬성론자들이 주장하는 범죄 억제 효과도 일시적일 테고, 그 심리적인 충격도 금세 희미해질 것이라고 말합니다.

그래서 사형제도 찬성론자들은 사형 선고에서 집행까지 걸리는 시간을 획기적으로 줄이고, 사형이 선고될 때마다 일반 대중에게 널리 알리면 그 문제는 해결할 수 있을 것이라고 주장합니다. 그렇게 되면 사

찬성 VS 반대

우리는 사형제도를 부활시키면서 여러 목숨을 구했다. 선량한 사람들을 보호하는 데 강력한 조치를 취했기 때문에 우리가 사랑하는 사람들이 지금 살아있는 것이다. 궁극적으로 범죄가 일어나지 않도록 예방하는 것은 무고한 생명이 희생된 다음에 범죄자를 처벌하는 것보다 더 중요하다.

—조지 파타키 뉴욕 주 주지사 1997년

사형제도는 인간의 품위와 생명을 해치며 많은 비용이 든다. 사형제도는 범죄의 불꽃을 밟아서 끄기보다는 오히려 기름을 붓는 격이다…… 나는 모든 의원들이 뉴욕에서 사형제도를 부활시키지 않도록 강력히 촉구하는 바다.

—로버트 모겐소 뉴욕 주 맨해튼 지역 검사 2004년

형이 이루어진 뒤에도 대중의 심리적인 충격은 한참동안 남게 될 것이라고 합니다.

범죄 억제 효과 측정하기

사실 사형제도의 범죄 억제 효과를 측정하는 것은 거의 불가능합니다. 원인과 결과의 관련성을 찾는 것도 복잡할 뿐만 아니라 때로는 찾을 수도 없기 때문입니다. 한 가지 방법은 사형제도 존치 국가보다 사형제도 폐지 국가에서 범죄가 정말 더 자주 일어나는지 살펴보는 것입니다.

아래 표는 사형제도를 폐지한 유럽 국가의 살인 발생률이 사형제도를 유지하고 있는 미국의 살인 발생률보다 낮다는 것을 보여줍니다. 이

국가별 인구 10만 명당 살인 발생률(2009년)

국가	사형제도 존폐여부	인구 10만 명당 살인 발생건수
자메이카	유지	61.6
멕시코	폐지	17.7
미국	유지	5.0
프랑스	폐지	0.7
오스트레일리아	폐지	1.2
캐나다	폐지	1.8
영국	폐지	1.2
독일	폐지	0.9
뉴질랜드	폐지	1.5
덴마크	폐지	0.9
한국	사실상폐지	2.9
일본	유지	0.5

자료: UN마약범죄사무소(UNODC)

표는 사형제도가 범죄를 억제하는 효과를 내기보다는 오히려 폭력적인 범죄를 부추기고 있다는 뜻일까요?

여기에는 사형제도 이외에도 다른 요인들이 작용할 수 있기 때문에 단순히 그렇다고 말할 수는 없습니다. 예를 들면, 사형제도를 유지하는 미국은 사형제도를 폐지한 유럽보다 총기 소지율과 총을 이용한 살인율이 훨씬 높습니다. 하지만 똑같이 사형제도를 유지하는 일본의 살인율은 전 세계에서 가장 낮습니다. 이 사실은 어떻게 설명해야 할까요?

이와 비슷하게 아래 표는 미국에서 사형제도를 유지하고 있는 주들이 사형제도를 폐지한 주보다 살인범죄 발생률이 더 높다는 것을 보여줍니다. 사형제도를 반대하는 사람들은 이 표를 근거로 사형제도가 살인을 억제하지 못한다고 주장할 수도 있지만, 사형제도를 찬성하는 사

미국 각 주별 인구 10만 명당 살인 발생건수(2010년)

주	사형제도 존폐여부	인구 10만 명당 살인 발생건수
루이지애나	유지	11.2
미시시피	유지	7.0
애리조나	유지	6.4
미시건	폐지	5.7
플로리다	유지	5.2
뉴욕	폐지	4.5
메사추세츠	폐지	3.2
노스다코타	폐지	1.4
미국 평균		4.8

이 표는 미국 일부 주의 인구 10만 명당 살인 발생률이다. 사형제도를 유지하고 있는 전체 주의 인구 10만 명당 살인 발생건수는 4.60이며 사형제도를 폐지한 전체 주의 인구 10만 명당 살인발생건수는 2.9이다.

자료: 사형정보센터, 미국범죄통계 활용

람들은 범죄율이 높기 때문에 더 강력한 처벌이 필요하다고 주장할 수도 있습니다. 하지만 양쪽 모두 미국 전역에서 사형집행 건수가 줄어들고 있는데도 살인 발생률이 떨어지고 있는 이유는 설명하지 못합니다. 이는 사회 전체의 장기적 변화와 경찰력 강화 등 여러 요소를 결합해서 설명할 수 있을 것입니다.

간추려 보기

- 사형제도 찬성론자들은 사형이 위험한 범죄자들을 사회에서 영원히 제거한다고 말한다.
- 사형제도 반대론자들은 종신형도 같은 효과를 줄 수 있다고 말한다.
- 사형제도 찬성론자들은 사형수들이 처형되었다는 것을 알게 되면 다른 사람들이 비슷한 범죄를 저지를 가능성이 줄어드는 범죄 억제 효과가 있다고 주장한다.
- 사형제도 반대론자들은 어떠한 억제 효과도 일시적일 뿐이라고 주장한다.
- 현실적으로 사형이 범죄를 억제하는 효과가 있는지 측정하는 것은 거의 불가능하다.

사례탐구 **응우옌 투옹 반**

응우옌 투옹 반은 2005년 12월 2일 싱가포르의 창이 교도소에서 교수형에 처해졌다. 응우옌은 캄보디아에서 헤로인 396g을 가방에 담고 싱가포르 공항에서 오스트레일리아행 비행기로 갈아타려다 붙잡혔다. 싱가포르의 마약단속법은 헤로인 15g 이상을 소지하고 있다가 체포되면 사형을 선고할 수 있도록 규정하고 있다.

베트남계 오스트레일리아인인 응우옌의 소식은 오래전에 사형제도를 폐지한 오스트레일리아에서 큰 관심을 받았다. 오스트레일리아 정부는 응우옌에게 선처를 베풀어 줄 것을 싱가포르 정부에 요청했다. 응우옌의 변호사는 응우옌이 체포 당시 21세로 젊은 나이인데다, 헤로인에 손을 댔던 쌍둥이 동생이 진 빚을 갚기 위해 헤로인을 운반했고, 체포되자마자 자백

한 사실을 고려해야 한다고 주장했다. 응우옌의 사형집행 전날, 변호사 렉스 라스리는 다음과 같이 말했다.

"응우옌이 죄가 없다는 말은 아닙니다. 그도 자기 죄를 뉘우치고 있습니다. 헤로인이 얼마나 나쁜 것인지도 잘 알고 있습니다…… 응우옌 사건은 또다시 마약 범죄에 이용될지도 모르는 젊은이들이 유혹을 뿌리치고 새 삶을 살 수 있도록 경종을 울린다고 생각합니다."

한편, 싱가포르 국회의장 압둘라 타르무지는 사형제도가 다른 범죄를 억제할 수 있다고 말했다.

"응우옌은 순수 헤로인을 400g 가까이 소지한 죄로 체포되었습니다. 이것은 마약 중독자들이 26,000회 이상 사용할 수 있는 양입니다…… 응우옌은 자신이 무슨 짓을 저질렀는지, 또 자신이 한 일이 어떤 결과를 초래할지 이미 알고 있었습니다."

그러나 치 순 주안 싱가포르 민주당 서기장은 응우옌처럼 단순한 마약 운반자에게 사형은 지나친 형벌이며, 마약 거래를 지휘하는 우두머리들에게 미치는 범죄 억제 효과도 미미하다고 말했다.

7
CHAPTER

사형제도와 사회

사형제도를 유지하는 국가에서는 사형제도가 자주 정치적 쟁점으로 떠오르는데, 찬반 양측 모두 감정적이고 때로는 대중을 오도하는 주장을 폅니다.

사람들은 사형제도에 대해 어떻게 생각할까요?

2000년 갤럽에서 실시한 국제여론조사 결과에 따르면 설문에 응한 사람들의 52퍼센트가 사형제도를 찬성했습니다. 하지만 이는 지역에 따라 상당한 차이가 있었습니다(옆쪽 표를 보세요).

사형제도 찬반 여론조사

이 표는 갤럽이 2000년에 실시한 사형제도 찬반 여론조사 결과이다. (단위: 퍼센트)

지역	찬성	반대	무응답
아프리카	54	43	3
북미	66	27	7
남미	37	55	8
아시아	63	21	16
동유럽	60	29	11
서유럽	34	60	6
전 세계	52	39	9

자료: 갤럽 새천년 여론조사

알아두기

아서 베어드의 사형집행 예정일 바로 이틀 전인 2005년 8월 29일 미치 대니얼스 인디애나 주지사는 아서 베어드의 정신질환을 이유로 사형을 감형했다.

여론

사형제도 찬성론자들과 반대론자들은 이러한 여론조사 결과를 자신들에게 유리한 쪽으로 해석합니다. 사형제도를 찬성하는 사람들은 오래전에 사형제도를 폐지한 국가에서도 사형제도에 대한 지지율이 높게 나온 점을 지적합니다. 사형제도를 반대하는 사람들은 사형제도를 폐지하거나 집행을 중단한 국가가 점점 늘어나고 있기 때문에 여론이 변하고 있으며 사형제도에 대한 지지율도 점차 낮아질 것이라고 말합니다.

일반적으로 사람들은 자신이 속한 국가의 정책을 지지하는 경향이

영국 리버풀에서 발생한 두 살배기 제임스 벌거 살인 사건처럼 어린 아이와 관련된 살인이 발생하면 사형제도 지지 여론이 확산된다.

있습니다. 그래서 사형제도를 폐지한 국가에서는 사형제도를 유지하는 국가에서보다 사형제도 지지율이 더 낮게 조사됩니다. 하지만 흉악 범죄가 발생하면 사형제도 지지율이 꽤 높게 나오기도 합니다.

미국에서는 여론조사 결과 사형제도를 찬성하는 사람이 대다수였습니다. 그러나 이 지지율은 지난 17년 동안 상당히 낮아졌습니다. 1994년 갤럽 여론조사 결과에서 사형제도 지지율이 80퍼센트였지만, 지난 2011년 벌인 여론조사에서는 61퍼센트로 대폭 낮아졌습니다. 또한 사형제도 대안으로서 가석방 없는 종신형을 설문지에 제시했을 때의 사형제도 지지율은 33퍼센트밖에 되지 않았습니다.

여론조사에서 제시한 질문에 따라 응답도 달라집니다. 예를 들어, 2000년에 시행된 영국의 여론조사에서 절대다수가 어린이 살해사건을 제외한 다른 범죄 영역에 있어서는 사형제도를 반대한다고 답했습니다. 그러나 어린이 살해범에 대해 묻는 항목에서 응답자의 58퍼센트는 어린이 살해범은 사형시켜야 한다고 답했습니다.

사형제도를 찬성하는 사람들은 사형은 신속하고 종신형에 비해 사회적 비용이 적게 든다고 설명합니다. 이것은 재판 과정도 짧고, 형도 빠르게 집행되는 중국 같은 국가에서는 맞는 말일지도 모릅니다. 하지만 재판과 항소 절차에 몇 년씩 걸리는 미국에서는 그렇지 않습니다. 미국에서는 많은 사형수들이 사형이 집행되기 전까지 10년 혹은 20년간 사형수 감옥에 수감됩니다.

사형제도를 반대하는 사람들은 사형수들이 감방에서 보내는 시간이 길기 때문에 사형제도가 비인간적이라고 이야기합니다. 게다가 법적 절차 수속에 필요한 비용을 포함해 사형선고 1건당 130만 달러 정도가 들기 때문에 비용도 매우 많이 든다고 하지요. 따라서 이들은 사형을 종신형으로 대체하는 것이 죄수에게도 더 나을 뿐 아니라 사회적으로도 비용을 절감할 수 있어 더 유리하고, 감소된 비용만큼의 예산은 다른 범죄를 예방하는 데 사용할 수 있다고 주장합니다.

　사형제도를 찬성하는 사람 중에는 사법제도 개혁을 통해 시간이 오래 걸리는 항소 절차를 줄여 사형집행까지 걸리는 시간을 단축할 수 있다고 주장하는 사람도 있습니다. 또 어떤 사람들은 비용보다는 원칙이 중요하기 때문에 현재 사법제도를 유지하는 것이 바람직하다고 말합니다.

버밍엄에 있는 술집을 폭탄 테러한 혐의로 종신형을 선고 받고 아일랜드인 6명이 16년간 수감되어 있었다. 버밍엄 식스라고 불리는 이들은 이후 무죄임이 밝혀져 1991년 석방되었다. 영국이 사형제도를 유지하고 있었더라면, 이들은 사형당했을지도 모른다.

> **알아두기**
>
> 2005년 인도의 새로운 수석 판사가 된 사베르왈은 사형제도 폐지에 찬성한다는 입장을 밝히며 사형은 아주 죄질이 극악무도한 경우에만 선고할 것이라고 말했다.

정치와 언론

그러나 중요한 결정을 하는 것은 여론이 아니라 정부입니다. 사형제도에 대해서도 정부는 여론과는 다른 결정을 할 수 있습니다. 가령, 1965년 영국에서 사형제도를 유지하자는 여론이 거셌음에도 의회 의원들이 사형제도를 폐지하기로 표결한 것처럼 말이지요.

시간이 흘러 1994년에 영국은 사형제도를 다시 도입하려고 했으나 무산되었습니다. 의회 의원들 중 159명만이 이를 찬성했고, 403명이 반대했기 때문입니다. 이후, 영국은 모든 범죄에 대해 사형제도를 금지하는 유럽인권협약 제6의정서에 서명했습니다.

사형제도를 유지하는 국가에서는 사형제도가 자주 정치적 쟁점으로 떠오르는데, 찬반 양측 모두 감정적이고 때로는 대중을 오도하는 주장을 폅니다. 또한 정치인들 대개 경쟁 상대보다 범죄에 강경한 입장이라는 것을 보여주고 싶어 합니다. 때로는 교묘하고 음흉한 방법을 이용하기도 합니다. 1988년 미국 대선에서 민주당 후보이자 사형제도 반대론자였던 마이클 듀카키스는 TV토론에서, 아내가 강간 살해당한다면 사형제도에 대한 입장을 바꿀 것인지 묻는 질문을 받았습니다. 듀카키스는 입장을 바꾸지 않겠다고 답했습니다. 이 답변은 듀카키스가 범죄에 대해서 관대하며 유약하다는 인상을 대중에게 심어주었고, 라이벌이었던 조지 부시 진영에서 이를 이용했습니다. TV 선거 광고를 만들어 대중의 범죄에 대한 공포를 자극했던 것이죠. 결국 조지 부시가 대통령으로 당선되었습니다. 조지 부시와 빌 클린턴 대통령 모두 사형제도를 찬성하는 입장이었고, 이들 모두 주지사 시절 사형집행 영장에 서명한 바 있습니다.

언론도 사형제도 찬반 논쟁에서 주요한 역할을 할 수 있습니다. 언론이 끔찍한 살인사건처럼 잔혹한 범죄를 보도할 경우 사형제도 찬성론이 우세해지며, 사형선고 과정에서의 오판을 집중 조명하면 사형제도 반대론이 우세해집니다.

희생자의 가족들

찬반론자 모두 사형제도를 중요한 이슈로 생각하고 있지만, 사실 사형제도는 일반인의 삶에는 거의 혹은 전혀 영향을 미치지 않습니다. 사형수를 제외하고 사형제도의 영향을 가장 크게 받는 이들은 사형수의 가족과 범죄 피해자의 가족입니다. 사람들은 피해자의 가족들이 사형제도를 전적으로 옹호할 것이라고 오해합니다. 그러나 여기에도 많은 이견이 있습니다.

피해자의 유족들은 여러 가지 감정을 느낍니다. 가장 먼저 슬픔과 고통을 느끼고, 시간이 지나면서 분노와 절망을 느낍니다. 어쩌면 복수와 처벌에 관한 생각도 하게 될 것입니다. 그러나 유족들은 경찰조사를 받

▍2000년, 텍사스 주 오스틴에서 사형제도 반대 집회에 참가한 사람들

을 때나, 언론의 관심 속에서 재판이 열리는 동안 이러한 감정을 숨겨야 합니다. 피해자 유족들은 사랑하는 사람이 어떻게 그리고 왜 죽었는지 알려고 하지만, 뚜렷한 범행 동기가 없다는 것을 알고 나서 허탈해 하는 경우도 많습니다.

유족들이 범죄자가 죗값을 치르는 것을 보고 싶어 하는 것도 당연합니다. 실제로 피해자 유족들이 피해자 의견 진술에서 이러한 생각을 밝히면 미국의 일부 주에서는 사형집행을 참관할 수 있습니다. 유족들 중에는 사형이 가해자가 저지른 죄를 다스릴 만한 유일한 형벌이라고 생각하는 사람들이 있습니다. 그들은 자신의 가족이 사라진 것처럼 가해자도 죽여서 이 땅에서 사라지게 만들어야 한다고 생각합니다.

한편, 사형이 단순히 정의 구현의 문제가 아니라 유족들의 감정을 '마무리' 하기 위해 필요하다는 주장도 있습니다. 다시 말해, 가해자를 사형시켜야만 피해자 유족들의 고통이 끝나고 그들이 다시 일상으로 돌아갈 수 있다는 것입니다. 사형제도를 찬성하는 사람들은 피해자 유족들이 사형제도를 원하고 있다는 것에 무게를 담아 주장합니다.

하지만 사형제도를 반대하는 사람들은 이것이 위험한 생각이라고 합니다. 이들은 형벌은 객관적인 문제이고, 범죄 정황과 관련해서 고려해야 하지 감정적인 문제와 관련지어서는 안 된다고 합니다. 설령 희생자 유족들의 감정과 관련된다고 해도 사형제도가 감정의 마무리를 돕기보다는 무력감과 좌절감을 고조시킬 수 있다고 주장합니다. 실제 사형이 집행되기까지 많은 절차가 있고, 시간이 오래 걸리

비키 린제이는 아들이 갱단의 폭력으로 죽었지만 살인자 스탠리 '투키' 윌리엄스를 선처해달라는 운동에 참여했다.

2002년 10월 27일, 테헤란에서 이란 관계 **당국자**가 유죄를 선고받은 살인자 하셈 안바미야에게 교수형을 집행할 준비를 하고 있다.

기 때문입니다. 한편, 사형제도 반대론자들은 모든 피해자 유족이 사형제도를 원하거나 지지하는 것도 아니라고 지적합니다. 피해자 유족 중에는 윤리적으로 사형제도를 반대하는 사람들도 있고, 사형이 고통을 완화시키거나 끝낼 수 없다고 말하는 이들도 있기 때문입니다.

> **알아두기**
>
> 중국 위생부 부부장 후앙 지에푸는 사형당한 죄수의 장기가 매매되고 있는 사실을 그간 부인해왔지만 2005년 12월 이것을 인정했다. 그는 장기매매를 중단시킬 새로운 규제를 만드는 중이라고 말했다.

더 안전한 사회?

사형제도가 있으면 어떤 효과를 거둘 수 있을까요? 사형제도가 사회를 더 폭력적이고 인정이 없는 곳으로 만들까요? 아니면 흉악한 범죄를 저지른 사람들에게 극형을 줘서 사회를 더 안전하고 법의 효력이 잘 미치는 곳으로 만들까요?

18세기 영국처럼 사형제도를 사소한 범죄에도 무차별적으로 이용한다면 이는 무법천지의 분열된 사회, 즉 정의가 사라지고 범죄자들이 날뛰는 사회가 되었다는 신호입니다. 이성적인 사람이라면 누구라도 그런 사회에서 살고 싶지 않을 것입니다. 오늘날 사형제도를 찬성하는 사람들은 조사를 완벽히 하고, 재판을 공정하게 연 후에, 가장 흉악한 범죄에만 적용하는 극형으로 사형을 유지해야 한다고 주장합니다. 이들은 사형을 신중하게 이용한다면, 법을 잘 지키는 시민이 자신의 생명이 위험에 처할까 두려워할 필요가 없다고 말합니다. 사형제도 찬성론자들은 오히려 사형제도는 사회가 힘없고 선량한 사람들의 생명을 소중히 한다는 것을 보여주고 있다고 주장합니다.

사형제도를 반대하는 사람들은 이 같은 상황을 아주 다른 시각에서 바라봅니다. 이들은 **국제인권법**에 기초한 현대 사회에서 국가가 행하는 살인이 설 자리는 없다고 주장합니다. 또한 선량한 사람들을 비롯하여 가진 것 없고 힘없는 죄수들이 차별적으로 사형당하는 일이 너무나 많다고 말합니다. 사형제도를 반대하는 이들은 흉악한 범죄에 사형 대신 종신형 같은 형벌을 적용하면 된다고 주장합니다. 사형제도가 없다면 덜 폭력적이고 더 정의로운 사회를 만들 수 있다고 생각하기 때문입니다.

알아두기
유럽연합이나 유럽의회에 가입하려는 국가는 반드시 사형제도 폐지에 동의해야 한다.

찬성 VS 반대

사형제도는 단순히 형을 집행하는 것이 아니라, 사형을 통해 범죄를 예방하는 효과가 발휘되도록 고도로 계획한 필연적인 제도이다.
―데릴 찰스 〈크리스천 리서치 저널(Christian Research Journal)〉, 1994

사형제도는 시민의 자유를 참을 수 없을 정도로 부정하는 것이고, 우리 민주 제도의 근본적인 가치와도 조화되지 않는다.
―미국시민자유연대 웹사이트 2006년

사형제도 찬반론의 승자는 누구일까요? 많은 국가들이 사형제도를 폐지하는 방향으로 가고 있습니다. 하지만 지금도 전 세계 인구 대부분이 사형제도가 존재하는 국가에 살고 있습니다. 그리고 '사형제도를 유지해야 하는가?'라는 문제는 여전히 논란의 대상입니다.

사례탐구 터키의 사형제 폐지

2002년 8월 3일, 터키 의회는 인권을 개선하기 위해 평화시에는 사형제도를 폐지한다는 법안을 표결에 부쳤다. 의회의 최종 논의는 22시간 동안 계속되었으며, 과반수가 이에 찬성표를 던졌다. 이러한 결과는 터키가 부유한 국가가 되기 위해 유럽연합(EU)에 가입하고자 했기에 가능했다. 유럽연합 회원국이 되기 위한 조건 중 하나가 사형제도 폐지이기 때문이다. 표결 후, 터키 부총리 메술 일마즈는 이렇게 말했다. "터키는 유럽연합으로 가는 큰 걸음을 떼었다."

터키의 국가행동당은 사형제도 폐지가 15년간 반정부 반란을 계속해 온 테러리스트들에게 이득을 준다며 반대표를 던졌다. 하지만 개혁안은 통과되었고 유럽연합은 터키의 개혁안이 "유럽연합의 가치와 기준을 더욱 지지하겠다는 터키 정부 지도자들의 결단을 보여주는 중요한 신호"라며 환영했다.

터키에서 마지막으로 사형이 집행된 것은 1984년이었다. 하지만 여전히 사형제도는 유지되고 있었다. 터키 법정은 살인과 테러 행위에 대해 계속해서 사형선고를 내렸다. 사형제도가 폐지되던 때, 터키에는 쿠르드 반군 지도자 압둘라 오칼란을 비롯하여 124명이 사형수 감방에 수감되어 있었다. 이제 이들 모두는 사형을 받는 대신 가석방 가능성이 없는 종신형을 살게 될 것이다.

2004년 1월, 5년간 사형을 집행하지 않은 레바논에서 2명을 각각 총살과 교수형으로 사형시키면서 다시 사형이 집행되기 시작했다. 이에 사형제도 재도입을 반대하는 인권운동가들이 베이루트의 의회 건물 앞 도로에 누워 있다.

알아두기

매년 10월 10일은 세계사형반대 연합이 지정한 '세계 사형제도 폐지의 날'이다. 세계사형반대 연합은 40개 이상의 인권단체와 법률가협회, 무역협회 등의 NGO와 지방 정부의 연대체로 2002년 설립되었다. 한편, 매해 11월 30일은 '세계 사형 반대의 날'이다. 이탈리아 로마에 본부를 두고 있는 가톨릭 공동체에서 제안하면서 시작되었으며, 1786년 세계 역사상 처음으로 토스카나 대공국에서 사형을 폐지한 날을 기념하기 위해 정해진 날이다.

간추려 보기

- 사형제도를 폐지한 국가에서도 사형제도 지지율이 높지만, 일반적으로 사람들은 사형제도에 대해서는 자국의 정책을 지지한다. 그러나 **사형제도 존치국**인 미국을 포함해 전 세계적으로 사형제도 지지율이 떨어지는 추세다.
- 사형제도 존폐문제는 국가가 결정할 문제이지만, 국가는 여론이나 언론의 영향을 받는다. 그러나 국가는 종종 여론을 무시한 결정을 내리기도 한다.
- 유럽연합에 가입하려는 국가는 반드시 사형제도 폐지에 동의해야 한다.

연표

1764년   체사레 베카리아가 사형제도가 부당하다고 주장하는 《범죄와 형벌》을 출간했다.

1786년   토스카나 대공 레오폴드가 사형제도를 폐지했다.

1890년   뉴욕 시에서 최초로 전기의자를 사용했다.

1961년   뉴질랜드에서 반역을 제외한 모든 범죄에 대해 1957년을 마지막으로 사형을 폐지했다.
(1989년에는 모든 범죄에 대해 사형을 폐지함)

1965년   대영제국이 잉글랜드, 웨일스, 스코틀랜드 지방에서 살인에 대한 사형을 폐지했다. 반역을 포함한 소수 범죄에 대해 사형이 유지되고 있기는 하지만, 사형집행은 더는 이루어지지 않고 있다.

1969년   미주인권헌장에서 사형제도를 유지하는 국가는 정치범에 대해서는 적용하지 말고, 가장 극악한 범죄에 대해서만 사형제도를 이용해야 하며, 사형제도를 폐지한 국가는 이를 다시 도입해서는 안 된다고 정했다.

1971년	UN 총회결의안에서 최초로 사형제도 폐지를 지지했다. 국제앰네스티가 스톡홀름에서 사형제도 폐지를 지지하는 국제회의를 개최했다.
1972년	미국대법원은 당시 미국에서 적용되는 사형제가 미국 수정헌법 제8조의 '잔혹하고 비정상적인 형벌금지'에 위배되어 위헌이라고 판결했다.
1973년	오스트레일리아 연방 의회가 1967년 빅토리아 주에서 마지막으로 이용된 사형제도를 폐지했다.
1976년	캐나다가 반역을 제외한 모든 범죄에 대해 사형을 폐지했다. (반역에 대해서는 1998년 폐지) 미국대법원이 안전장치가 있을 경우 사형이 합헌이라고 판결했다.
1977년	미국에서 사형집행이 재개되었다. 프랑스에서 마지막으로 사형이 집행되었고, 이는 유럽공동체(지금의 유럽연합)에서도 마지막이었다.
1981년	프랑스가 사형제도를 폐지했다.
1985년	유럽인권헌장 제6의정서가 발효되어 모든 유럽의회 국가가 전쟁과 국가적 긴급상황 시에만 사형제도를 이용

	하는 데 동의했다.
1988년	미국대법원이 16세 미만의 범죄자에 대해 사형제도를 폐지했다.
1989년	국제앰네스티가 사형제도 폐지 운동을 시작했다.
1990년	미주기구 총회에서 미주의 사형제도 폐지를 위한 첫걸음을 내딛었다. UN 아동권리협약이 18세 미만의 범죄자에 대한 사형을 불법이라고 선언했다.
1991년	사형제도 전면 폐지에 관한 시민적 및 정치적 권리에 관한 국제규약 제2선택의정서가 발효되었다. 2006년까지 57개국에서 비준되고 33개국이 서명했다.
2002년	미국대법원이 지적 장애인에 대한 사형집행을 금지했다.
2003년	유럽권리협약 제13의정서가 발효되어, 모든 유럽의회 국가가 모든 범죄에 대한 사형제도 폐지에 동의했다.
2005년	81개국이 지지한 유엔결의안으로 생명에 대한 권리를 확인하고 이 권리를 보호하기 위해서 사형제도 폐지가 필수적임을 선언했다.

2005년	미국대법원이 18세 미만 범죄자에 대해 사형제도를 폐지했다.
2006년	필리핀과 몰도바에서 모든 범죄에 대해 사형제도를 폐지했다.
2007년	프랑스가 1981년 사형제도를 폐지한 데 이어 아예 사형제도를 금지하는 조항을 두었다. 우리나라가 사실상 사형 폐지국이 되었다.

용어 설명

가석방 형기(刑期)가 끝나지 않은 죄수를 일정한 조건하에 미리 풀어 주는 것.

감형 형의 선고를 받은 사람의 형벌을 줄여 주는 일.

갱생 마음이나 생활 태도를 바로잡아 본디의 옳은 생활로 되돌아가거나 발전된 생활로 나아가는 것을 말한다.

계몽주의 16~18세기에 유럽 전역에 일어난 혁신적 사상. 교회의 권위에 바탕을 둔 구시대의 정신적 권위와 사상적 특권과 제도에 반대하여 인간적이고 합리적인 사유(思惟)를 제창하고, 이성의 계몽을 통하여 인간 생활의 진보와 개선을 꾀하려 하였다.

구형 형사 재판에서, 피고인에게 어떤 형벌을 줄 것을 검사가 판사에게 요구하는 일.

국제인권법 인간, 즉 자연인의 기본적 권리를 보호, 증진함을 목표로 하는 국제법의 한 분야. 국제인권법은 주로 국가간 조약으로 구성되어 있다.

기소 검사가 특정한 형사 사건에 대하여 법원에 심판을 요구하는 일.

나치 히틀러를 당수로 한 독일의 파시스트당. 1919년에 결성되어 반민주·반공산·반유대주의를 내세운 독일 민족 지상주의와 강력한 국가주의를 바탕으로 1933년에 정권을 잡고 독재 체제를 확립하였다. 1939년 제2차 세계대전을 일으켰으나 1945년에 패전과 함께 몰락하였다.

당국자 그 일을 직접 맡아 처리하는 자리에 있는 사람.

반정부 기존의 정부나 정부의 시책에 반대하는 것.

배심원 법률 전문가가 아닌 일반 국민 가운데 선출되어 심리(審理)나 재판에 참여하고 사실 인정에 대하여 판단을 내리는 사람.

배심제 재판 제도의 하나. 배심원으로 구성된 배심에서 기소나 심판을 하는 제도.

사면 죄를 용서하여 형벌을 면제함.

사형제도 존치국 사형제도를 없애지 않고 그대로 둔 국가.

심리(審理) 재판의 기초가 되는 사실 관계 및 법률관계를 명확히 하기 위하여 법원이 증거나 방법 따위를 심사하는 행위.

암페타민 중추 신경과 교감 신경을 흥분시키는 작용을 하는 각성제.

오도 그릇된 길로 이끎.

인권 민족, 국가, 인종 등에 상관없이 인간이라면 누구에게나 인정되는 보편적인 권리 또는 지위.

자이나교 인도에 현존하는 유서깊은 종교. 불교, 힌두교와 더불어 인도 문화에 커다란 영향을 주고 있다.

종신형 무기 징역의 형벌.

퀘이커교 17세기 영국의 폭스가 일으킨 프로테스탄트의 한 교파. 17세기 중반 영국과 식민지 아메리카에서 일어난 급진적 청교도운동에서 출발한 종교로 한국에는 1955년 2월 미국인 퀘이커교도에 의해 처음으로 소개되었다.

태형 죄인의 볼기를 작은 형장으로 치던 형벌.

피고인 형사 소송에서, 검사에 의하여 형사 책임을 져야 할 자로 공소 제기를 받은 사람.

피의자 범죄의 혐의가 있어서 정식으로 입건되었으나, 아직 공소 제기가 되지 아니한 사람.

항소 형사 소송에서, 제1심 판결에 대하여 불복하여 제2심 법원에 상소함. 또는 그 상소.

헤리티지재단 1973년에 에드윈 풀너가 설립한 미국의 정책 연구소. 보수주의 이데올로기를 표방하는 두뇌 집단으로, 미국 공화당과 긴밀한 관계를 맺고 있다.

히스패닉 스페인어를 쓰는 중남미계 미국 이주민과 그 후손. 라틴아메리카에서 왔다고 해서 라티노(latino)라고도 불린다.

더 알아보기

관련 기관

국제앰네스티(Amnesty International, AI)

국가권력에 의해 투옥·구금되어 있는 각국의 정치사상범의 구제를 목적으로 설립된 세계최대의 순수 민간차원의 인권운동단체다. AI는 정치적·종교적, 또는 기타 양심에 입각한 신조 때문에 억압받거나 인종·피부색·언어·성 등의 이유로 억압받는 양심수의 석방과 인권보호를 위해 노력한다. 전 세계 56개국에 지부가 있고 160여 개국에 160만 명 이상의 회원 및 지원자가 있다. 본부는 런던에 있다.

국제연합(United Nations, UN)

제2차 세계대전 후 국제 평화와 안전의 유지, 국제 우호 관계의 촉진, 경제적·사회적·문화적·인도적 문제에 관한 국제 협력을 달성하기 위하여 창설한 국제 평화 기구. 국제 연맹의 정신을 계승하여 더욱 강화한 조직체로서 1945년 10월 24일에 정식으로 창립하였다. 주요 기관으로는 총회, 안전보장이사회, 신탁통치이사회, 경제사회이사회, 국제사법재판소, 사무국이 있다. 본부는 미국 뉴욕에 있다.

유럽평의회(Council of Europe, COE)

인권과 민주주의 수호, 법치주의 가치 실현을 비롯하여 중동부 유럽 지역에 대한 지원, 지역 민주주의와 교육·문화·환경에 대한 전문성 공유를 위해 설립되었다. 유럽인권재판소와 유럽인권위원회 등의 독립기구를 두었다.

국가인권위원회

2001년에 세워진 우리나라의 인권 전담 국가기관. 법적으로 강제력은 없지만 관련법이나 규칙이 개선되는 데 많은 영향을 미치고 있다. 인권과 관련된 법이나 제도, 관행을 조사하여 개선할 것이 있으면 개선하도록 권고한다. 인권이 침해되거나 사람이 차별받는 행위를 조사하여 이로 인해 고통 받는 이들을 도와주는 일을 하며, 시민들의 인권 의식을 높이기 위해 교육하는 일도 맡고 있다.

관련 법률

헌법

제10조

모든 국민은 인간으로서의 존엄과 가치를 가지며, 행복을 추구할 권리를 가진다. 국가는 개인이 가지는 불가침의 기본적 인권을 확인하고 이를 보장할 의무를 진다.

제11조

① 모든 국민은 법 앞에 평등하다. 누구든지 성별·종교 또는 사회적 신분에 의하여 정치적·경제적·사회적·문화적 생활의 모든 영역에 있어서 차별을 받지 아니한다.
② 사회적 특수계급의 제도는 인정되지 아니하며, 어떠한 형태로도 이를 창설할 수 없다.
③ 훈장등의 영전은 이를 받은 자에게만 효력이 있고, 어떠한 특권도 이에 따르지 아니한다.

제37조 2항

국민의 모든 자유와 권리는 국가안전보장, 질서유지 또는 공공복리를 위하여 필요한 경우에 한하여 법률로써 제한할 수 있으며, 제한하는 경우에도 자유와 권리의 본질적인 내용을 침해할 수 없다.

세계인권선언

제1조

모든 사람은 태어날 때부터 자유롭고, 존엄성과 권리에 있어서 평등하다. 사람은 이성과 양심을 부여받았으며 서로에게 형제의 정신으로 대하여야 한다.

제2조

1. 모든 사람은 인종, 피부색, 성, 언어, 종교, 정치적 또는 그 밖의 견해, 민족적 또는 사회적 출신, 재산, 출생, 기타의 지위 등에 따른 어떠한 종류의 구별도 없이, 이 선언에 제시된 모든 권리와 자유를 누릴 자격이 있다.

2. 나아가 개인이 속한 나라나 영역이 독립국이든 신탁통치지역이든, 비자치지역이든 또는 그 밖의 다른 주권상의 제한을 받고 있는 지역이든, 그 나라나 영역의 정치적, 사법적, 국제적 지위를 근거로 차별이 행하여져서는 아니된다.

제3조
모든 사람은 생명권과 신체의 자유와 안전을 누릴 권리가 있다.

찾아보기

ㄱ

가스실 61-62, 66
감옥 9, 19, 22, 24-25, 63, 67-68, 76, 99
감형 43, 46-47, 97
갱생 24
고문 23, 36, 59, 65, 68
교수형 44-45, 59, 61, 64-65, 69, 92, 105, 109
구형 9, 20, 40
국제법률가위원회 25
국제앰네스티 17-18, 25, 65
국제전범재판소 37-38
기독교 21, 29, 33

ㄷ

독극물 주사 47, 62-63, 65-66
드라코 21

ㅁ

마약 8, 34, 50, 74, 81, 87, 93
무죄 6, 10, 43, 46, 48, 54, 69, 100
미국 8-9, 17-20, 24, 31, 35-36, 46, 48-49, 52, 54-55, 60-63, 65-66, 75-80, 85, 89-91, 99, 101, 103, 107, 110
미얀마 23

ㅂ

배심원 46, 52, 54, 73, 75, 78
법정 9, 36, 38, 73, 79, 108

ㅅ

사우디아라비아 17, 24, 59, 66, 74-75
사형수 8, 18, 20, 38, 43, 46-49, 50-52, 54-55, 59, 61, 63, 65, 68-69, 75, 81, 99-100, 102, 108

세계인권선언 60
싱가포르 16, 24, 34, 92-93

ㅇ

억제책 86-87, 91
영국 32-33, 44, 52, 61, 64-65, 69, 89, 98-99, 100-101, 106
오심 16, 44, 47, 55
용의자 44
유럽평의회 25
유엔(UN) 11, 16, 25, 35, 66
응징 29
이란 15, 17, 18, 24, 59, 89, 105
이슬람교 21, 29-30, 33
인종차별 75, 80

ㅈ

자백 9, 44-45, 48, 51, 73, 92
자이나교 29-30

재판 9, 36, 39, 40, 44, 46-47, 50-55, 63, 73-75, 79-81, 99, 103, 106
전 세계 11, 15, 17, 18, 90, 97, 108, 110
종신형 9-10, 37, 43, 46, 53, 67-68, 70, 81, 85, 91, 99-100, 107-108
중국 17, 18, 22, 24, 33, 40, 48, 59, 66, 99, 106

ㅊ
체사레 베카리아 21, 23

ㅋ
퀘이커교 29

ㅌ
터키 108
테러 33, 52-53, 86, 100, 108

ㅍ
폐지 8, 15, 17, 23-25, 35, 44, 49, 89-90, 92,98-99, 101, 107-108, 110
프랑스 31, 60-61, 89
필리핀 43, 67

ㅎ
항소 9, 40, 47-48, 50, 73, 79-81, 99-100
항소 절차 47-48, 50, 73, 99-100

A~Z
DNA 47, 50, 54-55, 68

내인생의책은 한 권의 책을 만들 때마다
우리 아이들이 나중에 자라 이 책이 '내 인생의 책'이라고 말할 수 있는 책을 만들고자 합니다.

세상에 대하여 우리가 더 잘 알아야 할 교양

⑪ 사형제도 과연 필요한가? (원제: The Death Penalty)

케이 스티어만 글 | 김혜영 옮김 | 박미숙 한국형사정책연구원 선임연구위원 감수

초판 발행일 2012년 7월 23일 | 제3쇄 발행일 2025년 3월 21일
펴낸이 조기룡 | 펴낸곳 내인생의책 | 등록번호 제10-2315호
주소 서울시 서초구 서운로6길 21-7 101-1호
전화 (02)335-0449, 335-0445(편집) | 팩스 (02)335-6932
전자우편 bookinmylife@naver.com | 카페 http://cafe.naver.com/thebookinmylife
책임편집 강길주 | 편집 김지연 손유진 박소란 오혜림 유정진
제작 심재원 | 마케팅 손지훈 | 디자인 이선영

이 책의 한국어판 저작권은 Imprima Korea Agency를 통해
Hodder and Stoughton Limited와의 독점 계약으로 **내인생의책**에 있습니다.
저작권법에 의해 한국 내에서 보호를 받는 저작물이므로
무단전재와 무단복제를 금합니다.
ISBN 978-89-968869-4-5 44300
ISBN 978-89-91813-19-9 44300(세트)

The Death Penalty
Copyright ⓒ 2007
Published by arrangement with Hodder and Stoughton Limited
on behalf of Wayland, a division of Hachette Children's Books
All rights reserved.

Korean Translation Copyright ⓒ 2012 by TheBookInMyLife Publishing Co
Korean edition is published by arrangement with Hodder and Stoughton Limited
through Imprima Korea Agency

책값은 뒤표지에 있습니다.
잘못된 책은 구입처에서 바꾸어 드립니다.

이 도서의 국립중앙도서관 출판시도서목록(CIP)은 e-CIP 홈페이지(http://www.nl.go.kr/ecip)에서 이용하실 수
있습니다. (CIP제어번호: CIP2012002507)

책은 나무를 베어 만든 종이로 만듭니다.
그래서 원고는 나무의 생명과 맞바꿀 만한 가치가 있어야 합니다.
그림책이든 문학, 비문학이든 원고 형식은 가리지 않습니다.
여러분의 소중한 원고를 bookinmylife@naver.com으로 보내주시면
정성을 다해 좋은 책으로 만들겠습니다.

글로벌 시사 교양 시리즈

세상에 대하여 우리가 더 잘 알아야 할 교양

전국사회교사모임 선생님들이 번역한 신개념 아동·청소년 인문교양서!

세더잘 시리즈 10
성형 수술 외모지상주의의 끝은?
케이 스티어만 글 | 김아림 옮김 | 황상민 감수

미용 성형 산업을 객관적인 시선으로 바라보도록 도와주어
현대 사회에 대한 근본적인 질문을 던지게 한다.

성형 수술의 역사, 의미, 효과, 역사적 배경, 성형 산업의 현실 등을 상세하게 설명해 미용 성형에 대해 스스로 생각하고 합리적으로 판단할 수 있는 힘을 길러줍니다. 마땅히 '수정되어야 할 몸'에 대한 끊임없는 강박과 열등감이 만연한 현대 사회를 어떻게 바라봐야 할지 다시 한 번 깊이 생각하게 해줄 것입니다.

세더잘 시리즈 09
자연재해 인간과 자연이 공존하는 길은?
안토니 메이슨 글 | 선세갑 옮김

자연재해에 관한 사회·과학 통합서
'자연 대 인간'에서 '자연과 인간'으로!

자연재해의 유형과 원인을 과학 원리로 설명하고, 피해자 구조나 복구 과정, 방재 대책 등에 관해 체계적으로 살펴봅니다. 또한 자연재해의 이면에 숨어 있는 정치·경제적인 논의와 함께 인간의 무분별한 행태가 재해를 부추기는 면도 지적하며 인문학적인 성찰을 유도합니다.

세더잘 시리즈 01
공정무역, 왜 필요할까?
아드리안 쿠퍼 글 | 전국사회교사모임 옮김
박창순 한국공정무역연합 대표 감수

공정 무역 = 페어플레이.
초콜릿과 축구공으로 보는 세계 경제의 진실

한국에서 처음 출간된 어린이와 청소년을 위한 공정무역 안내서로, 공정무역을 포함한 무역과 시장 경제를 올바르게 이해하도록 돕습니다. 오늘날 기업은 생존과 발전을 위해서 사회적 책임을 다해야 하고, 따라서 공정무역에 관심을 가질 수밖에 없습니다. 우리 아이들이 미래의 리더가 되기 위해 꼭 알아야 할 공정무역에 관한 책입니다.

전국사회교사모임 추천도서
2010 문화체육관광부 우수교양도서 선정
2011 아침독서 추천도서

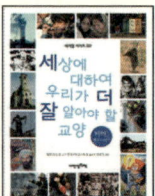

세더잘 시리즈 02
테러, 왜 일어날까?
헬렌 도노호 글 | 전국사회교사모임 옮김
구춘권 영남대 정치외교학과 교수 감수

평화로운 세상을 위해
더 잘 알아야 하는 불편한 진실, 테러

이 책은 '테러'에 대해 어떤 특정 사건과 집단 대신 '테러'라는 하나의 축으로 세계 갈등의 역사를 조명합니다. 나아가 평화로운 세상을 만들기 위해서 '테러'에 대해 잘 알아야 한다고 역설합니다.

전국사회교사모임 추천도서
2010 문화체육관광부 우수교양도서 선정
2011 4월 대교눈높이창의독서 선정

세더잘 시리즈 03
중국, 초강대국이 될까?
안토니 메이슨 글 | 전국사회교사모임 옮김
백승도 연세대 중어중문학 박사 감수

세계 초강대국으로 떠오르고 있는
중국 바로 알기

우리나라는 정치·경제적으로 중국과 더욱 긴밀한 관계를 맺고 있습니다. 가까운 미래에 중국의 영향력은 더 커질 것이기에 중국을 제대로 이해해야 합니다. 이 책은 객관적 시선으로 중국을 편견 없이 바라보도록 돕습니다.

전국사회교사모임 추천도서
2011 학교도서관저널 어린이 인문 추천도서

우리 아이들에게 편견에 둘러싸인 세계 흐름에서 벗어나 보다 더 정확한 정보와 지식을 제공하고자 〈세더잘 시리즈〉를 기획 출간합니다. 모두가 'A는 B'라 믿는 사실이, 자세히 살펴보면 'A는 B만이 아니라, C나 D일 수도 있다.'는 것을 알려주어, 아이들이 또 다른 진실을 발견하도록 안내합니다. 이 시리즈는 앞으로도 인권, 군사 개입, 동물 실험, 유전 공학 등에 관한 주제로 25권까지 출간될 예정입니다.

세더잘 시리즈 08
미디어의 힘 견제해야 할까?
데이비드 애보트 글 | 이윤진 옮김 | 안광복 추천

미디어는 규제받아야 한다 vs 미디어는 자유로워야 한다

오늘날 제4의 권력이라고 불릴 정도로 강력해진 미디어의 힘에 대해 알아봅니다. 미디어를 지탱하는 언론 자유와 그 힘을 통제하려는 정부의 규제 사이에 벌어지는 논쟁에 대한 다양한 관점을 제시하고, 미래의 미디어가 나아가야 할 방향에 대해서 생각해보도록 돕습니다.

세더잘 시리즈 07
에너지 위기 어디까지 왔나?
이완 맥레쉬 글 | 박미용 옮김

**지구 온난화, 전쟁과 테러, 허리케인…
이 모든 것은 에너지 위기에서 비롯되었다!**

우리는 에너지 없는 세상에서 하루도 살 수 없습니다. 하지만 현재 속도로 에너지를 소비한다면 앞으로 40년 이내에 주에너지원인 석유가 고갈될 것입니다. 이 책은 에너지 위기가 불러올 정치, 사회, 경제, 환경의 변화를 알아보고, 무엇이 화석연료를 대신할 차세대 에너지원이 될지 꼼꼼히 따져봅니다.

세더잘 시리즈 04
이주, 왜 고국을 떠날까?
루스 윌슨 글 | 전국사회교사모임 옮김
설동훈 전북대 사회학과 교수 감수

**지구촌 다문화 시대의
국제 이주 바로 알기**

오늘날 국제 사회와 다문화, 다민족 사회를 이해하기 위해 꼭 알아야 할 '이주'에 관한 책. 왜 사람들은 이주를 선택하거나 강요받는지에 대한 다양한 관점을 제시하고, 또 이에 대한 정부의 정책과 국제기구의 활동도 알려 줍니다.

전국사회교사모임 추천도서
2011 학교도서관저널 추천도서

세더잘 시리즈 05
비만, 왜 사회문제가 될까?
콜린 힌슨, 김종덕 글
전국사회교사모임 옮김

**왜 지구 한쪽에서는 굶어 죽는데,
다른 한쪽에서는 비만으로 죽는 걸까?**

이 책은 이러한 역설에서 출발합니다. 오늘 '비만'이 왜 사회 문제가 되었는지 역사적, 문화적 관점에서 살피고 선진국과 개발도상국에서 나타나는 비만 문제의 양상과 그 속에 숨은 식품산업의 어두운 그림자, 나아가 전 세계적 차원의 식량 문제로까지 사고의 범위를 넓혀 줍니다.

2011 보건복지부 우수건강도서 선정
2011 한국간행물윤리위원회 청소년 권장도서

세더잘 시리즈 06
자본주의, 왜 변할까?
데이비드 다우닝 글 | 김영배 옮김
전국사회교사모임 감수

**인류를 위한 가장
바람직한 자본주의의 변화상은 무엇인가?**

자본주의의 역사와 발전상에 대해 알아보면서 자본주의라는 경제 체제가 인류를 위해 어떻게 복무했는지, 문제가 발생하면 그때마다 인류에게 봉사하기 위해 어떤 모습으로 변신했는지에 대해 알아봅니다. 이를 통해 논쟁이 끊이지 않는 21세기의 자본주의가 어떻게 변해야 할지에 대해 생각해보도록 합니다.

2011 서울시교육청 추천도서